广告学专业"十四五"规划
应用型本科系列教材

计算广告概论

钟书平 刘庆振 编著

中国传媒大学出版社
·北京·

目 录

第一章

理解广告与计算广告

第一节　初识计算广告

一、电商时代的购物

公元429年的一天，柔然再次侵扰北魏，一场长达十余年的较量拉开序幕。街上的人们都行色匆匆，一位17岁英姿飒爽的俊俏少年却有条不紊地穿梭于各大市场之间，他正在做出征之前的准备，“东市买骏马，西市买鞍鞯，南市买辔头，北市买长鞭”。

买这些东西足足花了一整天的时间，回到军营之后，将军把他叫到中军大帐，大喝一声问道：“你是女扮男装的吧？”木兰愣了一下，问将军：“您是怎么知道的？”将军笑着说：“哪个男人会像你这般能逛街？”

尽管这只是一个笑话，但对于生活在今天的现代人而言，《木兰诗》中所反映出来的购物情景我们都不陌生，因为直到十年前这种情况还在延续。

在北京，购买一台电脑要去中关村的海龙、鼎好或者太平洋，购买一台电视机要去国美、苏宁或者大中电器，购买衣服要去西单、王府井或者社区附近的商场，购买日常生活的快消品要去家乐福、沃尔玛或者美廉美……

总之，过去的商品交易市场分类都是相对比较专业化的，我们经常说的“买东西”意思就是像木兰这样，东边买点，西边买点。而所谓的“一站式购物”在此前的几千年城市文明发展过程中，几乎就是一种天方夜谭。

比起木兰，生活在当下的少男少女们幸福很多。他们完全可以足不出户，只需要拥有一部智能手机，就可以在淘宝、天猫、京东或者亚马逊中的任何一家网站购买到几乎所有他们需要的日常用品，而且有些电商平台的广告还宣称可以帮助用户做到“多、快、好、省”。

如果要问21世纪即将过去的20年互联网革命究竟在哪些方面深刻地改变了我们的生存方式和生活方式，电商购物无疑是所有回答中的一个高频词语。

2009年，为了更好地促进电商平台的产品销售，淘宝率先将在大学生群体流行的“双11光棍节”改造为“双11购物节”，并在此后的十年时间将之打造成一场影响巨大的国民购物狂欢盛宴，通过下表中的成交数据我们可以直接地感受到这场盛宴的热度（见表1-1）。

表1-1　2009—2018年的电商成交额

年份	“双11购物节”成交额/亿元	全年电商成交总额/万亿元
2009	0.52	4
2010	9.36	4.86
2011	33.6	6.09
2012	191	8.1
2013	350	10.2
2014	571	13.4
2015	912	21.8
2016	1,207	22.97
2017	1,682	29.16
2018	2,135	37.05

2009年的“双11购物节”只有27个品牌参加，最终成交额突破5,000万元，算是一个不错的开端，而有趣的是，当年淘宝的业绩牌非常简单，就是在几张A4纸上用马克笔写下的。两年之后的2011年仅仅用了8分钟就突破1亿元的销售额；2012年的成交额则直接比上一年增长360%；2014年移动端的成交量占比达到42.6%，两年之

后这个数字翻了一番，达到 81.87%。

2017 年的情况则是：11 秒超 1 亿元，无线交易额占比 93%；28 秒超 10 亿元，无线交易额占比 97%；181 秒超 100 亿元……最终定格在全天 1,682 亿元的成交额。按照这样的增长速度，2018 年突破 2,000 亿元大关几乎毫无悬念。

但值得注意的还有另外一个细节，那就是 2018 年的数据显示，平台推荐商品的销量首次超过了用户主动购买商品的销量。尽管对于这一点，无论是媒体报道，还是用户自身，都没有给予太多的关注，但我们恰恰正是在这样的背景下展开关于计算广告的探讨。

二、推荐系统与计算广告

什么是平台推荐商品呢？打开你手机上的京东、天猫、头条、抖音等 App，有的是在首页，有的是在你购买了某件商品或者浏览了某一内容之后的页面下方，都会出现相应的“推荐”产品、服务或者内容，如图 1-1。

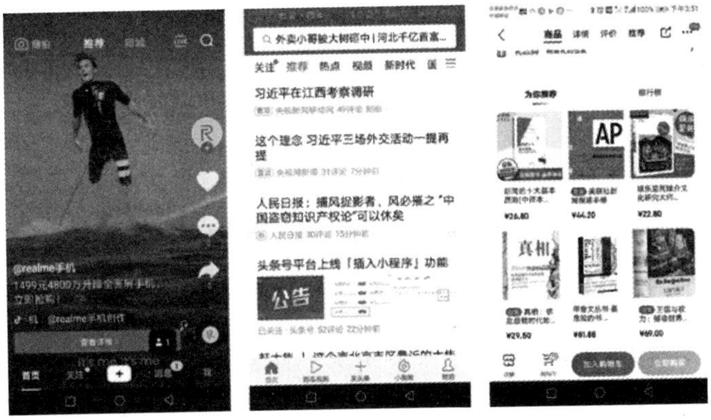

图 1-1　抖音、头条和京东的推荐页面

作为一名重度手机上瘾症用户，你会发现最近几年这些移动应用越来越贴心了，有时候甚至你自己都不知道你对某件商品有着潜在的需求，但是系统居然推荐了，而你也居然购买了。

在这方面我也有着同样的体会，因为经常在京东购买与教学研究相关的图书资料，就会面临图书选择过滤的问题。当我明确知道自己想要购买哪本图书的时候，情况相对比较简单，直接“站内搜索—点击查看—交易下单”就可以了。但很多时候我并不知道其实在这本书之外还有一些图书也比较适合我阅读，此时平台的“为你推荐”就解决了“从海量图书库存中过滤出比较适合你的图书”这一问题。

这就是推荐系统。内容推荐系统就是将用户感兴趣的话题和内容呈现在用户面前；商品推荐系统就是将用户可能会购买的商品或服务呈现在用户面前；美食推荐系统就是结合用户的口味偏好为他们推介就餐地点……

关于推荐系统的定义有很多种，但我认为曾任今日头条资深产品经理、现任知乎产品总监的闫泽华在《内容算法：把内容变成价值的效率系统》这本书中的阐释最简单明了，他直截了当地说：“尽管推荐系统中应用了各种高深的算法、架构，但其基础原理是朴素的：更好地了解推荐的内容，更好地了解要推荐给的人，从而更高效地完成内容与人之间的对接。断物识人，是一切推荐行为的起点。”①

在这里，我们可以更宽泛地把他所说的“内容”理解为推荐系统要推荐的对象，它既可以包括图文、音乐、影视剧、短视频等媒体意义上的娱乐内容，也可以包括商品、美食、服务、网约车等实用层面的具体事物。凡是可以被推荐的，你都可以把它视为闫泽华所说的“内容”。

更重要的是，他给出了推荐系统的基础原理，即“更好地了解推荐的内容，更好地了解要推荐给的人，从而更高效地完成内容与人之间的对接”。这句话既包括了推荐系统运行的主要方式——更好地了解推荐的内容、要推荐给的人，又包括了推荐系统运行的根本目的——更高效地完成内容与人之间的对接。

至此，我们就更加细致地了解了推荐系统的几大关键要素：

◇ 被推荐的对象；

◇ 有需求的用户；

◇ 进行精准匹配的算法。

这时候我们再回过头来看流传最广泛同时也最被认可的计算广告的说法，这个说法是雅虎（Yahoo）研究院资深研究员 Andrei Broder 在 2008 年第十九届 ACM-SIAM

① 闫泽华.内容算法：把内容变成价值的效率系统[M].北京：中信出版社，2017：25.

学术讨论会上提出的，后来刘鹏和王超的《计算广告：互联网商业变现的市场与技术》一书，以及我和赵磊的《计算广告学：智能媒体时代的广告研究新思维》一书都原原本本地使用了 Andrei Broder 的这一表述：

“计算广告的核心挑战是在一个特定语境下的特定用户与合适的广告之间，找到某种‘最优匹配’。”（The central challenge of computational advertising is to find the “best match” between a given user in a given context and a suitable advertisement.）①

虽然 Andrei Broder 并没有给出关于计算广告的明确定义及其内涵外延，但他所提到的计算广告的“核心挑战”依然非常准确地把握住了计算广告的本质特征与关键问题：

◇ 合适的广告（也就是推荐系统中的被推荐对象）；

◇ 特定的用户（也就是用户需求，而且是特定语境或特定场景之下的用户）；

◇ 最优的匹配（也就是精准的广告推送方式及其算法）。

比较一下关于推荐系统和计算广告的两种表述，就会发现尽管它们出自不同国家的不同作者，但在面对关于商品推荐及广告推送这两个技术问题的时候，其关注焦点和解决方案却是高度的一致。

那是因为，与其说推荐系统和计算广告是两个不同的概念或应用，不如说二者只不过是利用了大致相同的思维和相同的技术在解决不同领域的具体问题而已。甚至从更广义的范畴来看，计算广告也是推荐系统的某种应用形式，只不过它所推荐的“内容”是广告而已。

三、广告是一种特殊的内容

如果三十年前说“广告即内容”这样的话，你有可能会被视为反动派，因为那时候，内容是个多么严肃的事情啊，所有的内容都是寓教于乐的，连央视春节联欢晚会的相

---

① BRODER A Z.Computational advertising and recommender systems[R]. Proceedings of Recsys 08 ACM Conference on Recommender Systems, 2008.

声和小品这么娱乐化的东西都饱含着满满的讽刺现实的教育元素(可惜今天这样的作品越来越少了)。

所以,那时候的广告怎么会是内容呢?它商业味道太浓了,心心念念地想着怎么能够让读者或者观众购买它所推销的商品。于是你会看到,无论是广播电视,还是报纸杂志,都会非常明确地区分它的广告时段或者广告版面。广告就是广告,内容就是内容,广告部和采编部各自干各自的事情。

将广告与内容严格分开来的不单单是媒体自身,就连媒体的受众也是旗帜鲜明地逃避广告的。看报纸的时候,没有谁会主动翻到广告那一版津津有味地欣赏广告(除了广告主之外);看电视的时候,恨不得一到广告时间就马上跳转频道(但不幸的是,很多电视台在晚上黄金时段插播广告的时间都差不多,我甚至曾经一度怀疑这些电视台之间是不是达成了某种攻守联盟)。

而为了让电视观众无路可逃,很多电视台选择在电视节目(尤其是人民群众喜闻乐见的电视剧)播放过程中冷不丁地插播一段从几分钟到几十分钟不等的广告。人们把这种广告肆虐的现象戏称为"广告插播电视剧",而不是"电视剧插播广告"。当年看古天乐、李若彤版的《神雕侠侣》的时候,眼睁睁地看着杨过马上就要跟小龙女接吻时忽然来了一段"去屑实力派,当然海飞丝",真是又扫兴、又气愤。然而,你还不能拿起遥控马上换台,因为说不定你转了一圈回来之后,那段吻戏就过去了,毕竟电视台没有告诉你它究竟是要插播 15 秒的广告还是 15 分的广告。如果从这个角度来看,今天的视频网站已经算是很人性化了,它即便是要流氓般地在关键剧情处插播一段广告,也会告诉你广告还有 120 秒就要结束啦,你可以选择等待或者趁你在看"饿了么"广告的这个时间叫一个"饿了么"外卖。

为了维护广大人民群众正常收看电视剧的热情和权益,针对广告播出混乱的局面,国家广播电影电视总局于 2011 年 11 月 25 日发布了《〈广播电视广告播出管理办法〉的补充规定》,规定要求自 2012 年 1 月 1 日起:

> 播出电视剧时,不得在每集(以四十五分钟计)中间以任何形式插播广告。

从此之后，电视剧插播广告的现象就从各大卫视转战到了各大视频网站。这么看来，监管层面也不认可“广告即内容”这种说法。

但应然和实然之间往往存在着一段纠缠不清的中间地带，以广告为例——你说它不是内容，但它确确实实地占据着一个媒体的时段、版面或者位置，与那些被认为是内容的内容相比起来，它也在向受众进行着信息的传播，只不过它传播的是商品信息或商业信息。

所以，对于媒体而言，广告是不是内容？从狭义上来说可能不是，但从本质上来说，它属于一种特殊的媒体内容，它与狭义的媒体内容共同构成了一个媒体的内容生态与经营形态，也就是我们通常说的“二次销售”模型或“二次销售”理论。

四、传统的广告投放算法

“二次销售”理论认为，媒体第一次销售的产品为有价值的新闻信息，获得特定读者群的注意力，第二次销售的是读者群的注意力，获得广告收益。“购买－销售理论”是对“二次销售理论”的简化，该理论将交易的对象进行了统一，即受众的注意力。对于广告主，将产品信息一对一地告诉消费者，其成本是高昂的。而电视、报纸等媒体凭借其强大的影响力，购买一个注意力其成本要远远低于广告主自己发掘一个注意力。这是规模效应在起作用，与商业流通中的批发、团购有异曲同工之妙。

在这个模型下我们会更容易理解广告这种特殊的内容：

◇ 虽然广告是某种内容，但这种内容独立获取受众注意力的能力较差、成本较高；

◇ 它需要借助于诸如新闻、综艺、影视等媒体内容来获取更广泛的注意力；

◇ 媒体通过内容大规模地收集受众的注意力并将之打包贩卖给广告主(企业)以服务于其营销目的；

◇ 广告主之所以愿意投放大量的广告预算给媒体，是因为它们预期能够通过媒体广告提升产品的销量；

◇ 媒体收入中的相当一部分比例来自广告收入，媒体利用这些收入生产或者从外部购买它们认为优质的内容并以几乎免费的价格提供给它的受众；

◇ 媒体与媒体之间的竞争在本质上是对用户注意力的竞争，谁能够捕获更多的用户注意力谁就有可能获得更多的广告收入。

了解了“二次销售”模型（如图 1-2）之后，请用力地揉揉你的眼睛，睁大再睁大，就会有似曾相识的感觉。是的，太阳底下没有新鲜事，也没有新媒体。所谓的推荐系统或者计算广告，在根本逻辑上与媒体的“二次销售”逻辑都是相通的。

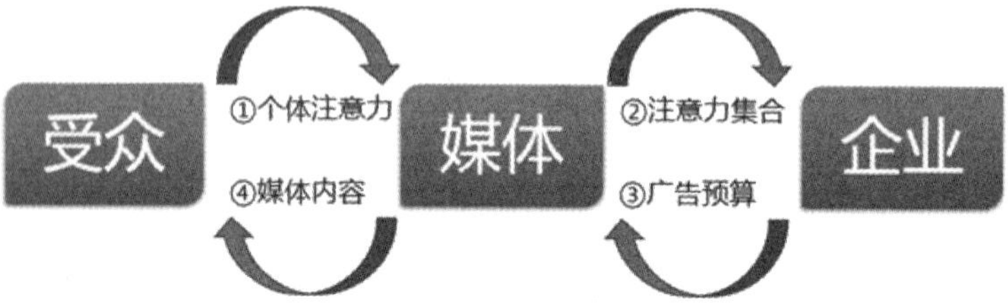

图 1-2　传统媒体“二次销售”模型

如果我们用今天的术语来解释昨天的现象，就可以说原来电视台和报纸一直都在运用平台思维进行经营管理；如果我们用昨天的术语来解释今天的现象，就可以说这些互联网平台又走上了传统媒体的老路子。

从这个角度来看，传统媒体“二次销售”的原理显而易见：

◇ 大规模地捕获受众的注意力（也就是相对比较明确的目标用户）；

◇ 尽可能多地获取企业的广告预算（也就是提供广告播出的渠道资源）；

◇ 最大限度地确保广告内容在受众那里的曝光量和接受度（也就是努力寻求某种优化匹配，只不过它的大众传播算法不同于今天的推荐算法）。

尽管传统大众媒体的广告投放算法相对比较简单粗暴，但这并不代表它没有算法，只不过当时并不流行“算法”这个词罢了，就好像我们曾经使用的知识产权（Intellectual Property）这个词摇身一变成了今天人人言必称的 IP 的道理是相同的。那时候传统媒体的算法更多地建立在电视节目的收视率和平面媒体的发行量基础之上，其核心诉求与今天的到达率或者转换率在本质上都没有跳脱出广告的基础逻辑：触达—认知—购买。

当然，有时候我们也必须清楚地认识到今天的智能媒体生态与传统的大众媒体生态还是有着很多不同之处的。猩猩还是那个猩猩，猴子却进化成了人；广告的本质还是原来的本质,广告的投放方法却进化到了智能推荐。

那么,广告的本质是什么呢?与广告有关的思想和方法又发生着哪些变化呢?在对计算广告的方方面面展开详细的讨论之前,我们还是有必要对这些问题进行一个简单的回顾。

第二节 大众媒体时代的广告思想简史

一、纸上推销术

如果你上过市场营销学或者广告学概论的课程,你的老师通常会在课程的前半部分向你介绍19世纪以来我们所经历过的几个主要营销阶段,尽管不同的老师或教材会对于营销1.0到营销5.0的划分方式和说法五花八门,但各种表述所体现出的演变脉络还是大致相同的:

◇ 产品为王的推销阶段;

◇ 渠道为王的销售阶段;

◇ 媒体为王的整合营销阶段;

◇ 连接为王的社会化营销阶段;

◇ 数据为王的精准化和智能化营销阶段。

我们这里重点探讨的不是不同营销阶段之间的划分方式,而是在不同的历史时期与之相适应的广告是如何促进企业营销和产品销售活动的。

“如果要写一部广告史,第一个必须要写到的人一定会是约翰·E.肯尼迪。因为直到今天为止,他所确定下来的原则仍然是每一位广告文案人员必须要遵循的准则。”作为其曾经雇主罗德 & 托马斯(Lord & Thmas)广告公司大股东阿尔伯特·拉斯克尔(如图1-3)的这句话毫不掩饰地强调了肯尼迪在广告史上的重要地位。

事实上,正是拉斯克尔、肯尼迪和罗德 & 托马斯广告公司雇用的另一位著名文案撰稿人克劳德·霍普金斯在20世纪一二十年代所建立起的合作关系,使他们成了广告科学(科学派广告)的先驱式人物,从而开启了真正意义上的现代广告。

这里简单介绍一下“现代广告之父”拉斯克尔,他领导世界上最大的广告公司长达四十多年,是一位重塑了现代广告业的传奇人物。这里我们来看几件有关拉斯克尔的传奇故事:12 岁自编出版了一份报纸并开始兜售版面,18 岁进入罗德 & 托马斯广告公司,从清洗痰盂开始干起却很快成为公司争取新顾客的能手,20 岁买下了罗德 & 托马斯广告公司并很快将它经营成世界上最大的广告公司,38 岁应罗斯福总统之邀主掌共和党宣传部四年,并担任政府运输委员会的主席,也就是在与拉斯克尔共事的那几年,罗斯福总统发出了“不做总统就做广告人”(Be the president or else an advertising guy)的感慨。

图 1-3 阿尔伯特·拉斯克尔(1880—1952)

1905 年(一说 1904 年)5 月某天晚上 6 点,罗德 & 托马斯广告公司高级合伙人 A. L. 托马斯在准备起身离开办公室的时候收到了一位送信人带来的纸条,上面写道:“你并不清楚什么是广告,广告行业也没有人清楚,更没有任何一名广告人可以确定他们自己非常清楚。如果你想搞清楚,就告诉这位信使让我上来,我此刻就在楼下大堂等着。”落款是约翰·E.肯尼迪。托马斯让彼时已经是公司初级合伙人的拉斯克尔接见了肯尼迪,两人一直聊到次日凌晨 3 点。

这次谈话给拉斯克尔留下印象最深的一句话就是肯尼迪后来为世人所共知的那句名言“Advertising is SALESMANSHIP－IN－PRINT(广告是印在纸上的推销术)”。[①] 肯尼迪提出这个说法之前的西方社会,在 1841 年世界上第一家广告公司诞生之后的整个十九世纪后半叶,关于广告最流行的定义莫过于“广告是有关商品或服务的新闻”这种说法,它仅仅把广告看成一种与新闻传播相类似的告知手段。

---

① CRUIKSHANK J L,SCHULTZ A W. The man who sold America:the amazing (but true!) story of Albert D. Lasker and the creation of the advertising century[M].Brighton:Harvard Business Press, 2013:54-56.

但肯尼迪却用敏锐的目光直接发现了广告最为核心的商业价值，并用 SALESMANSHIP 一词将广告作为服务于销售的重要手段这一使命揭示出来，它从根本上改变了流行于 19 世纪的广告理论，建立了 20 世纪的广告新概念，创立了广告促进销售的新策略。从这里我们需要清晰地看到一个事实，那就是早期的广告是从工业革命之后营销 1.0 时代的面对面的产品推销而逐渐过渡到"印在纸上的推销术"概念的，理解了这一点才能理解为什么肯尼迪强调广告是一种推销的说法。

拉斯克尔很快就高薪雇用了肯尼迪，并在他的协助下通过创建独立的、也是广告史上最早的文案部来践行广告服务销售的理念。但这次合作时间并不长，肯尼迪不久就离开了罗德 & 托马斯广告公司。

在肯尼迪离开罗德 & 托马斯广告公司两年后的 1908 年，拉斯克尔又以更高的年薪 18.5 万美元[①]雇用了另外一位同样被认为是现代广告业奠基人的克劳德·霍普金斯（如图 1-4），二人继续沿着 SALESMANSHIP-IN-PRINT 这一思路在商业广告的荒原上开疆拓土。

图 1-4 克劳德·霍普金斯(1867—1932)

霍普金斯比肯尼迪更加坚定地宣称，广告之所以存在的唯一理由和根本目的就是要实现销售某样商品的使命，并且它必须要被其所产生的结果所测量和评估。他的这些广告主张和理念集中汇聚在了《科学的广告》(1923)和《我的广告生涯》(1927)两部著作中，它们共同构成了在今天广告从业人员中广为流行的《文案圣经》的主体部分，指引着人们写出更有销售力的文案。

在这本书的介绍部分编辑写道："他(霍普金斯)在广告方面的每一个创举，比如优惠券、测试营销、文案调查、邮寄营销和免费试用等，都是围绕广告的效果来进行的。正是霍普金斯把广告变成了一门科学，摆脱了广告的盲目性……使之成了促进经济发

① HOPKINS C C. Scientific advertising[M]. New York: Bell,1960:60.

展的重要手段。”[①]事实上，正如广告营销领域的著名学者阿尔弗雷德·普利策所认为的那样，在如何有效进行广告方面，当今的广告研究要想获得克劳德·霍普金斯那样的巨大成就，还有很长的路要走。

在霍普金斯近百年之前的著作中，我们看到他所提倡的关注个体、注重销售、创造个性化广告、追踪广告效果等理念，无不与今天我们重点关注的计算广告理念相似相通，甚至可以说他所开创的直邮广告可以算得上是计算广告的早期雏形，这种形式的广告“追踪到的收益可以精确到每分每毫，每个回复的平均成本和每一美元销售额的平均成本都在追踪到的收益中精确地显示出来……经过这样的长期发展，广告营销成了一门精准科学”[②]。

而霍普金斯和拉斯克尔无疑是将广告视为一门精准科学的先驱者、开拓者和捍卫者。也正因此，二人被大卫·奥格威列入了“创造现代广告的六巨擘”行列，他在评价霍普金斯《科学的广告》一书的时候这样写道：“除非你看过本书七遍，否则就不能进入广告界。”这也足见霍普金斯对奥格威等后来广告殿堂的关键人物所产生的重要影响。

二、独特的销售主张与品牌形象论

事实也的确如此，在拉斯克尔、肯尼迪、霍普金斯等开拓者倡导的广告科学理念基础之上，广告业的后起之秀们结合工商业界和传媒业界的最新进展，进行了更多有益的探索和延伸：罗斯·瑞夫斯（如图 1-5）在 20 世纪 40 年代进一步发展出了 USP（Unique Selling Proposition/Point，独特销售主张）理论；大卫·奥格威在 20 世纪 60 年代进一步发展出品牌形象理论；艾·里斯和杰克·特劳特在 20 世纪 70 年代进一步发展出了品牌定

图 1-5　罗斯·瑞夫斯(1910—1984)

① 霍普金斯.文案圣经：如何写出有销售力的文案[M].北京：中国友谊出版公司，2017.

② 霍普金斯.文案圣经：如何写出有销售力的文案[M].北京：中国友谊出版公司，2017.

位理论。

在传播学领域，1948年使拉斯韦尔声名鹊起的5W传播模型初步奠定了传播学研究的基本范畴和层面，也成为广告领域的从业者们探讨新的广告理念的重要思想来源，并为后来不同时期广告理论的发展注入传播学的视角。

瑞夫斯是科学派广告的继承者和卫道者，他也一直以霍普金斯的信徒自居。与拉斯克尔和霍普金斯的理念相同，瑞夫斯对广告的目的是达成销售这一观点深信不疑，并坚持认为商业广告应该向用户炫耀产品的价值或独特卖点，而非一位广告文案的聪明或幽默细胞。也正因此，他自始至终强调广告活动要多些科学成分少点艺术要素，甚至曾经略带偏激地认为，"创意"是广告活动中极为危险的一个词语。

经过半个多世纪的发展，USP理论早已经成为全球任何一场广告营销战役开始之前的必备策略之一，所有的执行者必然会问的一个问题就是：这款产品的独特销售主张是什么？在《实效的广告》一书中，瑞夫斯认为，"这个独特卖点必须是竞争对手没有或者无法提供给用户的，它要足够独特到不管是在品牌层面还是在主张层面，其他广告都不能产生与之相同的效果"[①]。这也就意味着，一个清晰而独特的销售主张要能够帮助用户理解同一品类中不同品牌之间的差别，使他们形成对于品牌的积极态度并最终提升品牌的记忆和回想效果。

尽管瑞夫斯本人并不喜欢过分强调广告创意，然而广告创意人却非常喜欢瑞夫斯所提出的USP理论，并将之奉为进行广告创意和策划的重要法则。也正因此，瑞夫斯的USP理论成了整个20世纪广告史上最早形成广泛且实际影响力的广告营销理论，成了无数广告从业人员铭记于心的"金十字架"。

同样继承了霍普金斯和拉斯克尔"衣钵"的英裔广告大师奥格威在他的广告生涯中，也格外强调广告所必须承担的销售功能："做广告是为了销售产品，否则就不是做广告。一个广告和另外一个广告之间的差异是用销售力的尺度来衡量的，它可以是19∶1。"

这种观念的形成与他在创办奥美广告公司之前担任推销员和调查员的经历有着必然的关系，这期间他写出了《财富》杂志宣称的"有史以来写得最好的销售手册"，并

---

① REEVES R. Reality in advertising[M]. London: Macgibbon and Kee, 1961: 46-48.

有三年多的时间受聘于盖洛普民意调查机构，在全球范围内为好莱坞进行客户调查。这段经历直接塑造了奥格威的市场观和方法论，对他后来形成的品牌形象理论也产生了极大的影响。

1928 年，乔治·盖洛普完成了他的博士毕业论文《确定读者对报纸内容兴趣的客观方法》；1930 年，他发表了另一篇重要论文《用科学方法而不是猜测来确定读者的兴趣》；1935 年，他又以自己的名字命名并创办了全球第一个客观而科学的民意调查机构。直到他半个世纪后的 1984 年去世，这家调查机构深刻地影响了政治学、新闻学、传播学以及广告学的调研方法和实践方法的走向，盖洛普本人也因其在市场调研方法层面的巨大影响力，先后进入大众传播名人堂和广告名人堂。

1938 年加入盖洛普调查公司后所从事的工作，不但锻炼了奥格威的能力，而且也使他更加相信自己对于市场的判断力和对于消费者的洞察力，这为他在 1948 年创办奥美广告公司打下了坚实的基础。经过 70 年的风雨历程，最初只有两名员工的奥美广告公司已经在全球 100 多个国家和地区设有 359 个分支机构，而它的创办者奥格威也因其对全球广告业的巨大影响而被称为"现代广告教皇"，奥美、奥格威、品牌形象论也经常被全球广告人放在一起讨论学习。

事实上，尽管奥格威本人一再强调广告的销售功能，品牌形象论也重点突出了品牌作为一项投资对于企业整体销售和长远利益所带来的巨大价值，但这一广告理念对拉斯克尔和霍普金斯所倡导的科学广告理念来说，依然有着革命性的颠覆作用。

其原因主要在于品牌形象论将对品牌的长期投资放在了首要的位置，从而开启了广告营销领域长达半个多世纪的争论：是要长期利益还是短期利益？是要品牌形象还是销售业绩？是要广告创意还是要客观数据？

之所以存在这样的争论，是因为大家普遍认为品牌作为一种资产，其整体价值可以被测量，其各个组成部分的实际效用可以被评估，[①]但在实操层面，品牌资产对销售业绩所带来的价值在多大程度上能够被评估和测量却是一个大大的问号。

直到今天，我们还能看到这样的争论。较近的一次是 2018 年 1 月底在梅花网上

---

① KELLER K L. Conceptualizing, measuring, and managing customer-based brand equity[J]. Journal of marketing, 1993, 57(1): 1-22.

发布的两篇文章:第一篇文章的标题叫作《广告到底是科学还是艺术?》,作者的观点是“我坚定地认为:广告是一门科学而非艺术”;一天之后另一篇题为《“广告是科学还是艺术”这个命题就是个伪命题》则认为“没必要探讨这样的话题了”,“艺术和科学是两个对立面吗?如果它们是对立的,就像上和下,那么它们的界限在哪里?如果它们不是对立的,这个问题还是个问题吗?……广告的科学性就在于我们能看到的层次越来越多,角度越来越多,当然需要做出的选择也越来越多;广告的艺术性也就在于我们如何做出一个个选择。科学让广告看起来平庸,艺术让广告看起来危险”。

对品牌形象广告的过分注重和巨额投入带来了另外一位著名广告人约翰·沃纳梅克所提出的广告营销界的“哥德巴赫猜想”:我知道广告费用的一半被浪费了,但却不知道是哪一半。也正因此,品牌形象论在后来非但没有成为科学派广告的理论支撑,反而成了创意派广告用来刻意区分品牌广告和实效广告的得力工具。

三、从定位到整合营销传播

与品牌形象理论一脉相承的品牌定位理论试图在品牌塑造和促进销售之间进行平衡,它强调了品牌必须通过不同于竞争对手的差异化定位的方式在消费者脑海中占据某个位置。

艾·里斯和杰克·特劳特被普遍认为是定位理论的提出者。1969 年,特劳特在《工业营销》杂志发表了第一篇介绍定位理念的署名文章《定位:同质化时代的竞争之道》,文章较为详细地介绍了里斯公司的营销策略;1972 年,《广告时代》杂志先后刊登了里斯和特劳特的系列文章《定位时代的来临》。不久后,这些系列文章被整理成系统介绍定位理论的单行本广为流传,[①]定位理论也成为“有史以来对美国营销界影响最大的观念”。

而事实上,除了定位理论之外,营销领域的很多其他理念和工具也都被广告人拿过来指导广告作业流程,尽管侧重点有所不同,但毕竟广告与营销之间存在的交集太

① ELLSON T. Culture and positioning as determinants of strategy: personality and the business organization [M]. Basingstoke:Palgrave Macmillan UK,2004:260.

多、关联太密切、目标太相近。

1960 年，杰罗姆·麦卡锡提出了一种全新的营销组合，深深地影响了营销实战领域和学术领域，[①]他在《营销基础：一种营销管理方法》这本教材中给出了服务于营销决策的 4P 理论（如表 1-2）及其基本框架，这一营销组合主要包括产品、价格、渠道和促销，[②]在这个营销组合中，广告被视为促销手段的重要方式之一。

表 1-2　营销理念的演化

4P	Product	Price	Place	Promotion
4C	Customer	Cost	Convenience	Communication
4I	Interesting	Interests	Interaction	Individuality
4S	Story	Selling	Surprised	Smart

而在广告实践中，从业者在进行策划、创意和传播的时候，他们所涉及的范畴也已经远远超出了广告本身，综合性的广告公司往往会在向广告主进行提案的过程中以广告为出发点，同时使用到 4P 营销组合向广告主提供更全面的营销建议和执行方案。

三十年后的 1990 年，北卡罗来纳大学新闻传播学院的广告学教授罗伯特·劳特朋在一篇题为《4P 退休 4C 登场》的文章中介绍了另一种新的营销组合框架，这是一个以消费者为中心的 4P 营销组合的新版本，其主要目的是试图顺应大众市场向利基市场转变的时代趋势。[③] 4C 理论将消费者、成本、便利和沟通四大要素与 4P 理论中的四大要素进行对应，强调了以消费者需求为中心的营销沟通方式。

这种理念的转变尽管没有如它预期的那样更加真正的关注利基市场，但它的确充分反映了大众市场在供求关系层面发生的根本性转向：即从产品本位主义向消费者本位主义过渡。在这样的背景下，广告所沟通的对象依然是大众媒体的受众，广告对销

---

① DOMINIC G. From marketing mix to e-marketing mix: a literature review[J]. International journal of business and management, 2009, 9(4): 17-24.

② CONSTANTINIDES E. The marketing mix revisited: towards the 21st century marketing[J]. Journal of marketing management, 2006(22): 407-438.

③ LAUTERBORN B. New marketing litany: four Ps passé: c-words take over[J]. Advertising age, 1990, 61(41): 26.

售所起的作用依然是通过 AIDMA① 五个步骤来完成的。

尽管 4C 理论相比 4P 理论更加关注与消费者进行更加有意义的平等沟通和良性互动,但实际上它并没有本质上的突破与超越。

在提出 4C 组合策略两年后的 1992 年,劳特朋教授与美国西北大学的唐·E. 舒尔茨教授和斯坦利·田纳本教授共同出版了《整合营销传播》一书作为营销专业的教材,尽管这本书再一次强调了 4C 对 4P 的取代作用,但实际上它更重要的意义在于大力地推广了整合营销传播这一理论。

很快,整合营销传播以其简单明了的核心理念"Speak With One Voice"在营销界和广告界的从业人员的脑海中留下了深刻的印象,并在世纪之交的时间节点上成了整个大众传播时代广告营销理论的集大成者,舒尔茨也成为整合营销学派的经典代言人。

整合营销传播这一概念以其本身较强的张力,将过去一个世纪广告领域、传播领域、营销领域的主要观点整合在一起,将焦点聚集在通过整合包括标准广告在内的多种手段来满足组织的传播需求。② 在这一点上它无疑是成功的。

如果它是在大众传播时代刚刚开启的时候提出来的,那么它一定会获得更加真实而广泛的影响力,但遗憾的是,它是在大众媒体如日中天的 20 世纪 90 年代出现的,当时间跨过 2000 年之后,大众传播和大众广告迅速地走上了转型的轨道,"Speak With One Voice"的方法论根本就无法被新的碎片化、个性化和差异化的消费市场所接受。新的媒介、新的供求、新的用户……意味着广告营销领域在理念和方法上都需要新的突破。

时间进入到 21 世纪,信息技术革命以前所未有的速度席卷了全球的各个国家和各个产业,广告营销领域也迎来了它的变革时代。

---

① AIDMA:Attention 注意,Interest 兴趣,Desire 欲望,Memory 记忆,Action 行动。

② KLIATCHKO J. Revisiting the IMC construct: a revised definition and four pillars[J].International journal of advertising, 2008,27(1):138-139.

第二章

从互联网广告到计算广告

第一节　互联网广告的最大优势

一、最早的互联网广告

1994 年 10 月 27 日，世界上第一个商业网络杂志 Hotwired.com（Wired 杂志所推出的网络杂志网站）为了获取收益来支付作者的稿费，大胆地将网站上的一块区域进行广告出租，为包括 AT&T、IBM、Volvo（沃尔沃）等在内共 14 个客户提供了全球第一单横幅广告业务①，发明了这一让广大网络用户挥之不去的广告形式。②

---

① Hotwired.com 主页上刊登了 AT&T 等 14 个客户的横幅广告。在之后的 4 个月里，有 44%的网民看到广告之后点击了广告。中国的第一个网络广告比美国晚了 3 年，诞生于 1997 年 3 月。当时风头正劲的 IT 巨头 IBM、Intel 在 ChinaByte（比特网）上发布了网络横幅广告，IBM 为 AS/400 的宣传支付了 3,000 美元。最初的网站都是文字，按照类别排列，后来都朝着便于点击广告的方向改进，这种改进影响了许多网站，带动整个网络页面变得不再那么呆板。

② 也同样是在 1994 年，世界上第一波商业垃圾邮件广告冒出了头。是年 3 月 5 日，美国亚利桑那州的年轻移民律师夫妻劳伦斯·坎特（Laurence Canter）和玛莎·西格尔（Martha Siegel）开始向 7,000 多个早期的 Usenet 用户发邮件，用以宣传自己所提供的移民法律服务。这一事件后来被称为"绿卡垃圾邮件"事件，让两人受到了广泛的谴责。但在一定意义上，邮件广告因为与早期的直邮广告有一定的相似之处，其定向投放的特征相比早期的展示广告更明显。

其中，创意总监乔·麦卡布利(Joe McCambley)为美国通信运营商AT&T所设计的横幅广告因其标志性的话术而被后人所熟知——“你是否点击过此处？你会的”。(如图2-1)

点击“YOU WILL”字样，就可以在网上参观7个世界上最伟大的博物馆。AT&T希望借此向用户传递一个信息：AT&T能够帮助用户通过互联网穿越时空。

图2-1　AT&T公司投放的纯文字广告条(横幅广告)，点击后会跳转以显示更多信息

虽然没有可供参考的成功先例，但是有人类活动的地方就会有商业的存在——即便人们是通过电话线产生联系的。横幅广告以3万美元的价格租了出去，使用时限为3个月，产生了前文提到的高点击率。尽管横幅广告可能是现在点击率最低的网络广告形式之一，但Hotwired的这次商业尝试无疑是非常成功的。

这就是最早的互联网广告尝试。这条横幅展示广告与报纸分类广告或户外广告牌在形式和功能上有着非常多的相似之处，甚至连发明这条广告的人都没有意识到它的特殊之处将会彻底改变广告营销乃至整个商业世界的基本面貌。“点击—跳转—购买”已经成为今天移动互联网世界的典型用户行为路径，当然，这对于20多年前的人们而言，是没有办法想象到的。

上一章我们了解了大众媒体时代的媒体商业模式和广告思想结晶，其最大的特点就是二次销售和广而告之。有人会说，互联网广告与大众媒体广告比起来好像也没有本质的区别，商业模式依然是二次销售，广告目标看上去也依然是最大限度地触达更多用户。

但需要注意的是，互联网广告比起传统大众广告的最明显优势，并不在于其商业模式的差异，因为太阳底下没有新媒体，只要是媒体，其商业模式的核心逻辑都大同小异。关键的问题在于互联网广告进行二次销售和广而告之的核心理念和操作技术发生了根本性的变化——以最大的精准程度触达最多的精准用户，并在此基础上用客观的数据对广告效果进行测量和评价。

二、互联网广告的效果

一言以蔽之，就是互联网精准广告的效果是客观可测的，甲方爸爸再也不用担心他的广告费花得不明不白了。（当然，没有最精准，只有更精准，在精准程度和实际效果层面上，目前的互联网广告依然有着很大的提升空间。）

举个例子来看，比如"饿了别叫妈，叫饿了么"这家广告主，如果在传统媒体时代它想要投放广告，可以有这么几种线条粗犷的选择：

◇ 报纸：包几天或者几十天的报纸广告版面：《新京报》《北京晚报》《竞报》，版面上只有大大的一行字"饿了别叫妈，叫饿了么"，越大越好。

◇ 杂志：买几期杂志的封底、封一或者内页：《时尚》《瑞丽》《精品购物指南》，最好是彩色的，放上一张小姐姐或者小哥哥的模特照片，用近乎夸张的 S 型曲线告诉受众，"饿了别叫妈，叫饿了么"。

◇ 电视：找几家影响力大的电视台，以动辄上亿的价格拍下它的黄金时段广告位，比如《新闻联播》之前的五秒钟，"饿了么为您报时，叮叮叮滴，噔噔噔噔噔噔噔"；或者在《春节联欢晚会》开始前十几分钟的广告时段中不断重复"饿了么，牛牛牛；饿了么，虎虎虎……"，以增强观众对这个品牌的记忆和厌恶。

◇ 户外：购买几块地标性建筑的户外大屏，比如龙脉上的盘古大观或者纽约时代广场。广告要足够霸气，但户外嘈杂，你就是让某明星声嘶力竭地喊"饿了别叫妈，叫饿了么"，目标受众也未必听得见。所以诀窍有两个，一是人要丑，二是字要大，因为只有这样才容易记住。

◇ 发传单：每天中午纠集一撮群众演员、大学生、朝阳群众或者北漂一族，在大学门口、地铁出口、写字楼楼梯口、红绿灯路口，发传单。

这里其实就涉及了独特的销售主张、定位、4P 以及整合营销传播等广告理念的很多细节，大家可以自己手动对照一下。这些传统广告方式并不是没有效果，而是比较粗放：尽管钱花出去了，广告主却不知道谁看了报纸、杂志、大屏、电视和传单，更不知道谁购买了它的商品或服务。因此，一谈到巨额预算所产生的销售效果的时候，甲方爸爸内心的心理阴影面积就会瞬间增大，甚至有无数羊驼在他们的脑海中奔腾而过。

这就是传统大众广告最大的困境：效果无法真实客观地衡量。

早期的互联网展示广告其实与传统广告没有本质上的区别，广告主按月或者按季度购买广告位资源，但是在互联网媒体意识到广告资源不但可以按照版面、位置或者时长销售而且还可以按照人群销售之后，互联网的广告交易模式和效果评价逻辑就发生了巨大的变化。这种变化之所以发生的最主要原因，就是互联网技术和用户数据使得广告的效果可以被衡量，进而可以指导广告活动的各个环节的优化。

三、互联网广告计费模式

互联网广告效果是可测量的，这一点没错，但我们仍然不能把广告效果与销售业绩混为一谈。对于广告主而言，尽管销售业绩的衡量指标是唯销量/利润是图的单一化指标，但广告效果的评价指标却是多元化或多维度的。一则广告有没有效果，很多时候是与广告主怎么界定“效果”有关的，有时候广告主需要的是曝光或者触达，但有时候广告主需要的却是转化购买。因此，在评价互联网广告效果的时候，首先要明白广告主要求的 KPI(Key Performance Indicator，关键绩效指标)究竟是什么，然后再来讨论其是否有效。

在更加深入地讨论互联网广告的效果之前，我们有必要简单了解一下其效果评价的方法和广告计费的策略，实际上二者是一回事，广告主的 KPI 是什么它就希望以什么方式来付费。表 2-1 是常见的互联网广告计量指标。很多人看到英文缩写就头大，总觉得 CPC、CPM 等术语傻傻分不清楚，但当你站在广告主的视角来看效果的时候，一下子就明白我们为什么会采用按照点击而不是下载或者购买付费的模式了。

表 2-1 常见的互联网广告计量指标

CPC	Cost Per Click, Cost Per Thousand Click-Through	每点击成本/每千人点击成本，是一种点击付费广告，根据广告被点击的次数收费。
CPM	Cost Per Mille	每千人成本，是一种展示付费广告，只要展示了广告主的广告内容，广告主就为此付费。

续表

CPT	Cost Per Time	每时间段成本，是一种以时间来计费的广告，国内很多的网站都是按照“一个星期多少钱”这种固定收费模式来收费。
CPA	Cost Per Action	每行动成本，是一种按广告投放实际效果计价方式的广告，即按回应的有效问卷或注册来计费，而不限广告投放量。
CPD	Cost Per Download	每下载成本，按用户完成 App 下载计费，在应用商店、积分墙、流量联盟比较常见。
CPI	Cost Per Install	每安装成本，按用户激活 App 计费，渠道按这种模式结算比较少，通常只作为广告主内部衡量广告投放效果的指标之一。
CPS	Cost Per Sales	以实际销售产品数量来换算广告刊登金额，是一种以实际销售产品数量来计算广告费用的广告，这种广告更多的适合购物类、导购类、网址导航类的网站，需要精准的流量才能带来转化。
CPR	Cost Per Response	每回应成本，以浏览者的每一个回应计费，这种广告计费充分体现了网络广告“及时反应、直接互动、准确记录”的特点。
CPP	Cost Per Purchase	每购买成本，广告主为规避广告费用风险，只有在网络用户点击旗帜广告并进行在线交易后，才按销售笔数付给广告站点费用。
CPV	Cost Per Visit	展示广告按展示付费，又称富媒体广告，按展示付费，即按投放广告网站的被展示次数计费，网站被打开一次计一次费，按千次 IP 计费。
CPL	Cost Per Leads	以搜集潜在客户名单多少来收费，即每次通过特定链接，进行应答询问或调查、提供其他信息、注册会员等事先约定的事宜时，向联盟会员支付事先约定佣金费用的方式。注册成功后付费的一个常见广告模式。这是我们通常称谓的引导注册，比如“亚洲交友”。
PFP	Pay-For-Performance	按业绩付费，是一项基于在线市场服务的新业务，与公司传统的在线广告模式相比，此项新业务具有更高的投资回报。

第二节　从“算计”到“计算”

一、门户网站早期的横幅广告

提到早期的互联网广告，就必然要提到早期的互联网门户，在国外以雅虎为代表，在国内以大 S、小 S 为代表(Sina 新浪和 Sohu 搜狐)。

今天的很多用户没有经历过新浪、搜狐和网易三大综合门户网站垄断流量的时代，但我们依然能够看到很多垂直网站的首页与当年的三大综合门户网站的首页并没有本质性的差别。

那是一个“人找信息”的时代，门户网站就相当于全亚洲最大的火车站之一——北京西站，你乘坐公交车(计算机)到了北京西站(门户首页)，找到你的车辆出发的候车室(垂直频道，如汽车、财经、娱乐等)，找到你要乘坐的那列火车(具体的信息)并乘车到达目的地。

这时候我们很容易地判断出门户网站的首页流量是最大的，垂直频道的首页次之，具体某条信息的页面再次之。怎样把这些流量变现呢?

互联网广告就成为早期的互联网公司尤其是三大门户网站挖掘到的第一桶金。我们无法否认网络广告在互联网商业发展中饰演了根基的角色，之所以我们能够近乎免费地去享用网络，也是全靠广告的存在。

早期的互联网广告其实并没有摆脱传统的大众广告思维和模式，它与报纸广告、杂志广告、户外广告很像。无论是美国的雅虎还是国内的大 S、小 S，它们所采用的最直接简单粗暴的方式就是按照传统大众媒体的方式卖广告位。雅虎的创始人杨致远兴奋地将门户网站的广告比喻为“高速公路两旁的广告牌”，但高速公路广告牌总是数量有限的，雅虎网站的广告位却是无限的。

1995 年，26 岁的杨致远创立雅虎的时候，31 岁的张朝阳刚从麻省理工学院毕业还没有找到自己的人生方向，31 岁的马云刚刚知道什么叫互联网，27 岁的李彦宏还在华尔街跟各种各样的金融新闻打交道，24 岁的马化腾还在构思企鹅的雏形，24 岁的丁磊还在为一家美国公司打工，24 岁的周鸿祎正在西安交通大学读硕士。但正是这些人，深刻影响了此后中国的互联网格局。

最初，雅虎架设在斯坦福大学的校园网上，就像脸书(Facebook)架设在哈佛大学的校园网上的道理一样。由于访问雅虎的人越来越多，校方不堪重负将它们扫地出门。杨致远设计好了广告流量变现的商业模式，向硅谷的风投寻求融资。

没想到，这家只有两个人和几台破电脑的公司获得了红杉资本近 200 万美元的投资，而公司还没有任何收入。两年后雅虎上市，市值高达 390 亿美元，创造了当时互联网产业的神话。

在杨致远的主导下，雅虎又从提供分类目录的网站，转变成一个新的媒体。“成千上万的人通过雅虎进入信息高速公路，这是一个必经的门户。”从此，门户网站的时代开启，引发一批跟随者和模仿者。国内的新浪、网易、搜狐都是模仿雅虎而来，形成了早期的互联网广告业态。

1995 年雅虎宣布，在雅虎网站的顶端，每天将滚动播出五则广告，对五家公司的品牌进行宣传。此后，这种广告越来越多，许多广告商开始将目光从电视、户外等阵地转向网络。

那时候的门户广告通常是图片或文字形式，图片需要固定尺寸，文字需要有字数限制，然后发布到一些网络媒体的固定位置上，例如新浪网顶部的 banner 广告(横幅广告)。这种互联网广告通常会按展示时长来向广告主出售，例如向所有该网站的访问者持续展示一天或一小时收费多少钱。但由于类似门户网站首页 banner 这样很容易吸引用户的展示广告(Display Advertising)资源太稀少，所以早期传统门户广告基本只有大公司才投放得起，而其交易模式基本上仍然延续了传统大众媒体时代的合约广告模式。

二、广告位合约与展示量合约

合约广告(Agreement-based Advertising)是一种基于合约的广告交易模式。在互联网公司对流量进行拆分之前，早期的互联网广告交易模式基本都是按照广告位合约的交易模式开展的，也就是互联网公司与广告主之前签订的合约中明确规定广告投放的具体的广告位、具体的时间期限、具体的广告内容，这种广告资源的交易采用非常简单的 CPT 方式进行结算。

简单一点来理解广告位合约，就是按时间承包广告位，按承包时间结算广告费。广告位合约下，广告主的投入是广告位租金，收益是合约期间的展示机会；媒体网站的投入是建站和维护的成本，收益是固定的广告位租金。

但这种广告位合约的模式随着互联网业态的进化，很快就发生了转变。因为无论是互联网公司对于利润的追逐还是广告主对于效果的期待，都促使大家去探索一种更符合多方利益的广告资源利用和交易模式。刘鹏和王超在《计算广告：互联网商业变现的市场与技术》一书中的"在线广告简史"部分介绍了门户网站从简单广告位合约向定向广告转变的过程：

(合约广告)采用合同约定的方式确定某一广告位在某一时间段为某特定广告主所独占，并且根据双方的要求，确定广告创意和投放策略。当然这样的采购模式还没有对计算的需求，因为此时唯一需要的就是把广告主的创意作为一个 HTML(超文本标记语言)的片段插入到媒体的页面中……互联网广告运营者们经过探索，很快就发现了在线广告不同于传统媒体广告的本质特点：我们可以对不同的受众呈现不同的广告创意！在今天看来再平常不过的这个观念，实际上是在线广告的效果和市场不断发展的核心驱动力。认识到了这一点，媒体找到了一条使广告位报价不断提高的思路。例如，可以把某广告位的男性受众和女性受众卖给不同的广告主，比如对男性受众展示某剃须刀品牌的广告，而对女性受众展示某化妆品品牌的广告。这样的广告投放方式称为定向广告(Targeted Advertising)。很显然，这样的广告系统已经对计算技术产生了两个具体的需求：一是受众定向，即通过技术手段标定某个用户的性别、年龄或其他标签；二是广告投放，即将广告投送由直接嵌入页面变为实时响应前端请求，并根据用户标签自动决策和返回合适的广告创意。①

诚然如此，互联网广告向计算广告进化的标志，就是这里所提到的受众定向。事实上，如果传统报纸或者电视这样的大众媒体的流量可以拆分、受众可以定向的话，它

---

① 刘鹏，王超.计算广告：互联网商业变现的市场与技术[M].北京：人民邮电出版社，2015：11-12.

对计算能力的要求也会随之提高。

当互联网公司发现可以通过受众定向技术即挖掘日志数据为流量打上标签的时候，计算就开始了。如果一家网站只给它的流量或者用户贴上“男”或者“女”这样的用户标签的话，其实它所需要的计算能力还相对比较低，如果网站访问量不大，找两个刚毕业的本科生用 Excel 就完成了。但当一个网站每天都有数以千万计甚至更多访问用户并且还要给每个用户贴上各种不同维度的标签时，这个工作量就不是 2 个、20 个甚至 2,000 个毕业生能完成得了的。但没关系，20 个程序员可以开发出一套自动化算法，然后把大部分枯燥无聊的工作交给计算机来完成。

从理论上和技术上来看，对网站访问流量的拆分越精细，也就意味着受众定向越精准。当互联网公司通过性别、年龄、地域、职业等越来越多的维度给它的用户打上越来越多标签的时候，互联网公司就可以更加有针对性地向不同的用户展示不同的广告了。这时候互联网广告的交易逻辑就发生了本质上的转向：过去是向广告主销售广告位，现在则开始向广告主销售最有可能对它的广告或商品感兴趣的人群，并开始尝试 CPM 这种结算方式。

当然，从销售广告位开始向销售精准人群转向并不意味着此时的互联网广告已经彻底完成了这种转变。事实上，媒体从按固定广告位售卖变为按 CPM 售卖，初衷是为了在受众定向的基础上提高单位流量的变现能力，可是面向的仍然是原来的品牌广告主。广告主按照原来的广告位采买时，比较容易预估自己拿到的流量，可是按照人群定向的方式采买，流量有诸多不确定的因素。因此需求方希望在合约中加入对量的保证，才能放心的采买。[①] 这也就是我们所说的展示量合约。

举个例子：

小 S 网站主页的黄金横幅广告位，如果按照广告位合约的模式，约定了在 1999 年 9 月 9 日 9 点至 19 点，要向所有的访问用户展示“999 小儿感冒灵”的广告。在这期间有 999 万用户到访了它的首页，但实际上只有 99,999 名用户注意到了这则广告，这其中有 999 名用户点击了这则广告。

那么，如果按照展示量合约进行人群购买会是一种什么情况呢？这时候广告主首

① 刘鹏，王超.计算广告：互联网商业变现的市场与技术[M].北京：人民邮电出版社，2015：47.

先要考虑的问题就是哪些人会对我的广告以及小儿感冒灵这个产品“感冒”呢？现在正是夏秋之交儿童感冒高发期，但给孩子买药的通常都是父母，于是广告主就设定了第一个限定条件：年龄段 25 岁—40 岁。但仅有一个限定条件还是不够精准，于是广告主又根据地域、职业、偏好等设定了第二个、第三个……第 N 个限定条件。用这些限定条件一过滤，999 人，这就是这则广告要投放的精准人群。

广告主在合约中就会规定，在某个时间段内，只要这 999 人访问你的网站，就在某个广告位定向地向他们展示我的广告，其他人你愿意展示谁家的广告都随意，但我只为这 999 人付费。当然，就像我们提到的，广告主也会担心这么多的限定条件虽然做到了精准，但广告曝光量不足的话，在一定程度上也会影响到品牌的知名度，因此它也会在这个精准定向人群的基础之上，适当放宽一些条件并在合约中加入对投放量的具体要求。

三、开启计算广告时代

前文提到从对流量的精细化管理和对受众的定向化投放开始，广告行业就正式拉开了计算广告时代的大幕。这里有一个问题：在此之前我们所有的广告活动难道没有“计算”这件事情吗？

不是的。比如传统媒体时代的广告预算，我们就要“计算”一下投放 1 个亿的 ROI（投资回报率）与投放 2 个亿的 ROI 哪一种方案来得更有意义，我们也要“计算”一下户外广告牌的面积有多大，我们还需要“计算”一下电视广告的收视率等。

但是这里所说的计算广告（Computational Advertising）并不是指单纯的需要“计算”一下的广告活动，而是特指一种全新的广告传播范式（大众广告范式与计算广告范式的比较见表 2-2），这种范式与大众媒体时代的广告传播范式相比起来，通俗地表达就是：大众传播时代的广告是在“算计”消费者，智能传播时代的广告是在“计算”消费者。（“算计”与“计算”的比较见表 2-3）

表 2-2 大众广告范式与计算广告范式的比较

	大众广告范式	计算广告范式
目标对象	同质化的媒体受众	异质化的媒体用户
媒体类型	大众化媒体	网络化媒体
媒体特征	千人一面	千人千面
媒体消费习惯	集中度高	碎片化高
产品生产模式	标准化工业流水线	柔性化大规模定制
用户消费需求	我也想要个跟他一样的产品	我想要个跟他不一样的产品
广告活动的核心能力	策划、创意、文案	数据、算法、技术

表 2-3 算计与计算的比较

算计	计算
1.计算数目:数量之多,难以～。 2.考虑;打算:这件事慢一步办,还得～～。 3.估计:我～他今天回不来,果然没回来。 4.暗中谋划损害别人:被人～。	1.根据已知数通过数学方法求得未知数:～人数;～产值。 2.考虑;筹划:做事要先～一下,不能干到哪儿算哪儿。 3.暗中谋划损害别人:当心被小人～。
Plan/Plot	Calculate/Compute
to think about and decide what you are going to do or how you are going. to intend to do something or that an event or result should happen.	to judge the number or amount of something by using the information that you already have, and adding, taking away, multiplying, or dividing numbers
to make a secret plan to do something wrong, harmful, or illegal. to make a secret plan to do something funny or enjoyable to or for someone	to calculate an answer or amount by using a machine

为什么说传统的大众广告时代是在“算计”消费者呢?我们先看“算计”这个词的几层含义:(1)计算数目;(2)考虑,打算;(3)估计;(4)谋划。在英文中与之相对应的 Plan/Plot 两个词,大致有这么几点意思:考虑并决定你要做什么以及怎么做;秘密地策划一些事情去损害或者娱乐一些人。

从“算计”所包含的意思来看,它其实是包括一些简单的计算的,比如我们前文说到的用 Excel 表格计算一下广告预算或者收视率之类的,这些计算都不那么复杂,涉及的数据量也相对有限。这是“算计”的第一层意思。

但我们之所以说大众广告更像是一种“算计”而不是我们今天所说的“计算”，更关键的原因在于过去广告活动所需要的核心能力都是主观性非常强的策划能力、创意能力、文案能力等，无论广告主、广告公司及其执行人员的阴谋还是阳谋，他们所做的这些工作都是要费尽心机、绞尽脑汁、耗尽才华地占领消费者的心智、形成消费者的记忆、拉开消费者的钱包。因为大多数的广告策略都是策划人或创意人根据其主观想象或从业经验而进行的判断和决策，所以大众媒体时代的广告生产和投放都更像是主观的“算计”，尽管有时候也会有客观的数据，但这些数据的“客观”程度以及所发挥的价值都要打上一个大大的问号。

“计算广告”则不同，它强调的是用客观的数据、中立的算法和前沿的技术去对消费者进行一个更加丰富立体的画像，并在此基础之上向每一位用户推荐更加符合他们个人兴趣偏好的广告信息或商品服务。

“计算”这个词在汉语中的主要含义是“根据已知数通过数学方法求得未知数”，这是一个客观的数据计算和推导过程，比如我们根据已知的关于某位具体用户的各类数据记录来推测他有可能对什么商品感兴趣，这就是“计算”。在英文中的关于“计算”的其中一种解释则是“通过使用机器得出某种答案”，而这层意思则恰恰是我们今天所强调的计算广告的题中之意，也就是利用计算机科学、数据科学、人工智能科学等工具进行更加精细化、精准化、个性化的广告活动。计算广告并没有彻底否定创意、策划、文案等的“算计能力”，但它把数据、算法和技术等“计算能力”放在了广告活动的核心驱动位置上。

从这个意义上来看，计算广告范式下的广告活动主要有以下七大特征：

◇ 数字化：这里的数字化包括了媒介的数字化、内容的数字化、广告的数字化、终端的数字化以及用户本身的数字化。数字化意味着一切的实体、事件和行为都可以通过 0 和 1 来表示，它是我们的广告活动获取各种维度数据的起点，也是我们将大众拆分成小众、微众乃至个众的起点。

◇ 数据化：算计的对象是人，而计算的对象则是人所产生的数据，没有数据就谈不上计算。计算广告活动所有环节的最核心要素就是数据，而且是大数据、活数据、真数据，计算广告的决策也主要是建立在对客观数据的收集、存储和挖掘基础之上的。

◇ 程序化:当我们有了海量数据之后,当我们不是每半年面向所有观众更换一次广告片而是每一秒都在面向不同的个体展示不同广告的时候,当我们利用这些数据决定是否要向某位用户展示广告的时候,就会发现这些单调乏味、枯燥无聊的海量数据处理和海量微小决策对于人类而言,简直就是 impossible mission,但没关系,软件、程序、计算机、机器人可以帮我们完成这些工作。

◇ 算法化:把大量的计算工作都交给机器完成没关系,但你在交给它这项任务之前,要告诉它这些工作应该怎么干,遇到问题的时候应该怎么处理,比如在什么情况下应该向什么样的用户投放什么样的广告,这就是算法。算法决定把哪条广告排在搜索结果的第一位,同样也是算法决定了向你推荐哪件商品。

◇ 个性化:今天的用户依然是社会化的用户,但社会化并不意味着同质化,恰恰相反,每个人在社会化交往的过程中都在竭力展现自己个性化的一面。因此,今天的计算广告要做的不是用一则广告作品对所有用户进行狂轰滥炸,而是对不同的用户采取不同的策略,也就是我们说的个性化广告和营销。

◇ 动态化:用户的需求随时在变,用户的数据随时在更新,用户的场景随时在切换,早上适合向他推荐的广告晚上未必适合,在办公室场景下适合的广告在居家环境中未必适合。因此,所有的广告创意和投放都应该是实时更新的动态化广告。

◇ 智能化:今天的计算广告的个性化、精准化和动态化程度还不够高,其理想状态是像一个智能助手那样存在于用户的生活中,比用户自己更懂用户。我们正在无限趋近于这样一种理想状态,但或许永远都不会到达那个完美的终点。

第三节 定义计算广告

有必要对计算广告的概念进行界定了。但在定义计算广告之前,我们还是有必要对广告的定义再温习一下。

一、广告

从现代广告诞生至今，已经有无数的从业者和研究者给出了五花八门的广告定义，我们无法逐一对其进行讨论，但上海外国语大学的顾明毅、姜智彬和美国密歇根州立大学的李海容(2018)三位学者发表在《现代传播》上的《百年广告定义研究辨析》这篇文章对此进行了详细的梳理(见表 2-4、表 2-5 所示)。

表 2-4 广告的教科书定义

文献	来源	讯息	渠道	效果	媒介与否	目标
美国市场营销学会 AMA(1960)	可识别的赞助人	付费	—	—	非人际讯息	—
达恩 Dunn(1969)	确认的营业机构、非营利组织和个人	付费	通过多种媒体	—	非人际讯息	—
柯恩 Cohen(1972)	确认的赞助者	付费	—	—	非人际表达和促销	想法、货物或服务
卡夫曼 Kaufman (1980)	确认的赞助者	付费	—	—	非人际表达	货物、服务或想法
波伦 Bolen(1981)	确认的赞助者	—	—	通知和说服	非人际的控制形式	想法、货物或服务
达恩和巴本 Dunn&Barban (1986)	确认的赞助者	付费	通过大众媒体渠道	说服	非人际讯息	—
波维和瑟尔 Bovee and Thill(1992)	确认的赞助者	—	通过多种媒体	说服的	信息的非人际传播	产品、服务或想法
阿伦 Aren(1996)	确认的赞助者	付费	通过多种媒体	说服的	非人际传播	产品(货物和服务)或想法
比顿 Bearden et al. (1998)	确认的赞助者	付费	通过多种媒体	促进接受货、服务、人、想法	非人际	货物、服务、人或想法
博尔克 Belch and Belch(1998)	确认的赞助者	付费	—	—	非人际传播	组织、产品、服务或想法

续表

文献	来源	讯息	渠道	效果	媒介与否	目标
威尔 Wells et al.(1998)	确认的赞助者	付费	使用大众媒体	说服或影响一个受众	非人际传播	—
帕劳特 Perreault & McCarthy(1999)	确认的赞助者	付费	—	—	非人际演示	想法、货物或服务
齐克姆和阿米可 Zikmund and d'Amico(1999)	确认的赞助者	付费	非人际媒介携带	信息的或说服务的	非人际媒介	组织或产品
范登博和卡茨 Vanden Bergh and Katz(2000)	确认的赞助者	付费	—	影响一个受众	非人际传播	产品、服务或想法
科特勒 Armstrong and Kolter(2000)	确认的赞助者	付费	—	—	非人际表达和促销	想法、货物或服务
齐克塔 Zinkota et al.(2000)	确认的赞助者	付费	大众传播	—	非人际传播	—
兰博 Lamb et al.(2000)	营销者	付费	单向大众传播	—	非个人的	产品或组织
奥古因 O'Guinn et al.(2000)	—	付费	大众媒介尝试	说服	—	—
利肯比和李海容(2000)	确认的赞助者	付费或未付费	通过媒介途径	—	消费者和广告主双向行动	产品、服务和想法
理查和库伦(2002)	确认的来源	付费	—	说服接收者采取当下或未来行动	传播的媒介形式	—

资料来源：图表引自 Joonghwa Lee 和 Chang Dae Ham 研究报告，转引自《百年广告定义研究辨析》。

表 2-5 《广告学研究》JA 期刊“广告学未来”的广告定义及国内学者最新定义

文献	来源	讯息	渠道	效果	媒介与否	主体目标
达伦和罗森格伦(2016)	品牌发起	传播	—	意图影响人	—	—
马丁伊森(2016)	品牌相关	传播	—	积极品牌的反应	—	—
拉塞尔拉兹聂克(2016)	品牌发起	传播	价值接触点	意图影响人	—	—

续表

文献	来源	讯息	渠道	效果	媒介与否	主体目标
罗兰拉斯特(2016)	品牌或消费者	—	交互双向传播	单个消费者反馈效应	口碑传播中心	公司
斯图尔特(2016)	品牌	—	赢得/自有媒体加强	说服和产生经济利益	口语传播加强	组织机构产品服务
吉塔吉哈 Gita Johar (2016)	—	传播	—	说服消费者	—	产品、服务和品牌
许智修(2016)	可识别来源	付费	媒介	受控制的说服	非人际传播	组织或个人
陈刚、潘洪亮(2016)	可确定来源	有沟通力内容	交流互动	生活者发生认知情感行为改变	—	组织与生活者管理
马特豪斯和李海容(2017)	品牌发起和消费者主导	传播	数字化接触点	行为、对话、环境与体验	付费与非付费	

资料来源:《百年广告定义研究辨析》。

通过这两个表格我们大致归纳出关于广告的定义中几个要点:

1.广告的来源:赞助者、营销者、品牌相关者或其他组织、个人等;

2.广告的渠道:大众媒体、数字化接触点及其他价值接触点等;

3.广告的费用:付费传播或少量的非付费传播;

4.广告的效果:告知、说服、影响甚至改变接收者的行为;

5.广告的形式:非人际传播、口碑传播及双向互动;

6.广告的对象:组织、品牌、产品、服务或者观点等。

事实上,尽管不同的广告定义会在上述几大要素方面表述有所不同,但凡是经典且广为人知的流行说法,基本上都涵盖了这几层意思。下文我们要对计算广告进行定义,首先就离不开广告这个本体。

而之所以在广告概念的基础上,又衍生出一个计算广告的概念,并不是为了标新立异,而是为了强调两个时代的两种广告范式之间的差异。

就像中国传媒大学广告学院院长丁俊杰教授所说的那样:“在传统的概念体系中

包含了广告主、媒介、广告目标与效果等要素。广告主付费、媒体传播、实现劝服效果等，确实是传统广告行为的范畴，但放眼当下，很多新玩法带来了很大的动摇甚至是颠覆。广告主通过对用户兴趣的数据化分析与挖掘进而实现与用户的情绪共鸣，并通过社交媒体激发用户深度卷入的同时让用户成为传播渠道，这些新的变化也意味着新的概念要素的可能出现。我们对待这些新元素，一方面要及时进行关注与记录，另一方面也要保持冷静，准确判断昙花一现与真正创新的区别，提炼出真正反映广告业变化新趋势与新方向的新元素。”

而对计算广告概念的界定，则恰恰是一种“提炼出真正反映广告业变化新趋势与新方向的新元素”的积极尝试。

二、计算广告

前文我们已经说到，Andrei Broder（2008）提出了计算广告的核心挑战是在一个特定语境下的特定用户与合适的广告之间，找到某种“最优匹配”。

周傲英等（2011）认为，计算广告是根据目标用户和网页内容，通过计算得到与之最匹配的广告并进行精准定向投放的一种广告投放机制。采用该机制可以大幅度地提高广告主所投放广告的点击率和阅读率，增加广告所投放网站的访问量，帮助用户获取优质信息，从而构建出一个良性和谐的广告投放产业链。①

刘鹏和王超（2015）在《计算广告：互联网商业变现的市场与技术》提出一切付费的信息、产品或服务的传播渠道都是广告，广告的根本目的是广告主通过媒体达到低成本的用户接触，而计算广告的核心问题是为一系列用户与环境的组合找到最合适的广告投放策略以优化整体广告活动的利润。

颜景毅（2017）在《计算广告学：基于大数据的广告传播框架建构》一文中指出广告传播过程就是寻找目标人群、识别目标人群特点进而向目标人群投放广告信息的过程，具体体现为寻找—识别—投射。在大数据时代，这个过程表现出多维互动性。计算广告的传播是以大数据作为基础和起点，利用广告计算的原理，去寻找目标人群，对

① 周傲英，周敏奇，宫学庆. 计算广告：以数据为核心的 Web 综合应用[J].计算机学报，2011(10)：1805-1819.

其消费偏好和意愿进行判断，并且识别人群中不同个体所具有的特点，进而向目标人群有目的地进行广告信息的投射。

杨扬(2018)在《计算广告学的理论逻辑与实践路径》一文中指出，今天广告业的发展核心就是通过数据收集和数据挖掘来精准锁定目标消费者，再根据用户的时间、地点和需求选择合适的媒体平台有针对性地进行内容投放，准确地聚焦目标受众的注意力以打动他们的心。

可以看出，过去对于计算广告的界定主要停留在互联网广告的程序化投放这一主要环节。随着近几年市场快速发展和变化，计算广告产业链上的典型产品——程序化交易已经突破了网页并延伸到了更广泛的媒介领域，"程序化对应的是用数据和技术来优化广告投放，只要是能够数字化的媒体资源，都可以接入到程序化中，这绝非是互联网的专利。而伴随着媒体的不断融合，程序化将会是一个面向所有媒体和终端、打通线上线下的服务"①。与此同时，各种程序化创意的应用也开始涌现出来。

这样看来，计算广告也同样不仅仅局限在互联网广告的投放领域。结合计算广告的过去历程、未来趋势及其他更多定义，我们这里对上述计算广告的概念采用了刘庆振(2017)在《计算广告学：智能媒体时代的广告研究新思维》一书中的定义：计算广告是根据特定用户和特定情境，通过高效算法确定与之最匹配的广告并进行精准化创意、制作、投放、传播和互动的广告业态。技术和数据是这一业态产生和演进的两大关键驱动因素，而通过算法集合自动寻找广告、情境与用户三者之间的最佳匹配则是其主要目的。这一概念在吸收了国内外计算广告概念精髓的基础之上，一方面将计算广告的应用范围从网络平台扩展到了所有可能的媒体形式，另一方面将计算广告从某种投放机制扩展到了广告操作流程的全业务链。毕竟，计算广告的理念和实践早已经突破了在线广告或投放环节的界限。

① 王薇.剖析程序化广告八大误区[J].媒介，2015(8)：26-29.

第三章

程序化购买

第一节　什么是程序化交易

广告市场的程序化交易，又叫程序化购买（Programmatic Buying）或程序化广告，这个概念是从证券交易市场演化而来的，证券市场的程序化交易是指通过既定程序或特定软件自动生成或执行交易指令的交易行为。既然所有通过计算机软件程序进行自动下单的交易，都可以称之为程序化交易，那么延伸到广告市场中那些依靠计算机程序而非人工操作完成的广告资源的交易，也可以称为程序化交易。

程序化购买就是基于自动化系统（技术）和数据来进行的广告投放。它与常规的人工购买相比，可以极大地改善广告购买的效率、规模和投放策略。虽然它可能听起来很遥远，似乎只会发生在计算机的世界。不过事实却相反，这是营销人员目前需要面对的现实。它不只是发生在数字领域，电视、广播甚至印刷业都将慢慢地、不可避免地采用程序化的广告模式。

目前，在广告领域中，虽然程序化购买的概念界定尚未统一，但综合各种版本的定义来看，程序化购买主要是指“通过广告技术平台自动地执行广告资源购买的流程，程序化购买的实现通常依赖于需求方平台和广告交易平台，并通过实时竞价模式和非实时竞价模式两种交易方式完成购买"①。简而言之，程序化广告就是按照系统程序设定的参数自动化完成投放的数字广告，它把从广告主到广告公司再到媒体平台的广告投放过程进行了程序化的对接与改造，实现了整个数字广告产业链的自动化。

在程序化交易产生之前，几乎所有互联网广告的付费都是承袭了传统媒体广告的合约交易方式，公司可以自主决定为展示广告购买多少展示次数，然后按照每千次展示次数付费，并投入大量的营销广告费用与广告媒体签订初始合同。这种合约广告通过投放前签署合约的形式确定了广告位置或广告时段在特定时空内为特定广告主所独占的事实，并根据广告主需求和媒体特性确定广告创意形式和广告投放策略，但是它无法预知这些广告可能带来的注意力、购买力、消费者、用户或流量。所有购买流程不再通过人工方式，而是通过实时竞价的方式在很短时间内完成，既能保证媒体价值获得最大释放，同时广告主可以只把广告放给自己设定的目标用户。不但省去烦琐的工作，还可以做到精准投放，达到双赢，这是程序化购买的意义。

事实上，由于合约广告本身相对大规模和高投入的特征，这种广告的广告主多是资金实力雄厚的大中型企业。与此同时，在这种依靠人工操作的合约广告模式中，广告主需要预先制定半年到一年的预算框架，其后需要进行媒体排期。一旦广告投放策略以合约的方式确定甚至固定下来，广告主就很难根据实时的市场变化情况进行广告投放的修改，这也使得这种合约广告更适合那种中长期的品牌广告。而程序化交易使得广告投放模式更加灵活自主，广告主"无须签订合同或者是发送其他传真指令，甚至连电话也不用打，就可以在网上投放广告。这么简单的方法，允许任何人、任何小企业或者是财富 500 强公司迅速适应互联网广告的投放"②。这也就意味着，广告主可以根据企业营销推广和广告传播的具体需求随时进行广告资源的购买，购买之后立即可以进行投放，投放形式、投放时间、预算分配均更加灵活，从而降低了广告投放成本、提升了广告投放效率。

---

① 黄杰. 大数据时代程序化购买广告模式研究[J].新闻知识，2015(4)：58-60.

② GEDDES B. Google 广告高阶优化[M].宫鑫，等译.北京：电子工业出版社，2015：4.

第二节　程序化交易模式的演进

广告主与消费者之间更精准的匹配在媒体数字化之后成为可能，数字化的媒体流量可以拆分，而传统的非数字化媒体的受众却是一个整体，因此数字化媒体与非数字化媒体的本质差异是：广告主可以针对不同的广告受众使用不同的传播策略。由数字化基因决定的媒体新思维和新技术便成为程序化广告应运而生、规模扩大并快速演进的核心驱动力。程序化广告的生态系统是逐渐从简单向复杂演进的，回顾其形成和发展的过程有助于理解我们当前正在形成的计算广告交易平台的重要价值。

一、互联网广告的简单交易（第一阶段）

这一阶段是整个互联网产业发展的萌芽时期，无论在国外还是国内，诸如雅虎、新浪、搜狐等门户网站都是刚刚产生不久。这些网络媒体虽然数量相对较少，但是也取得了相对较好的网络流量，并希望能够通过传统媒体的广告模式将流量变现。此时互联网广告产业链中仅包含广告主、互联网媒体和用户三种角色，互联网媒体可以通过传统媒体的思路和逻辑采用合约交易的模式直接将广告资源销售给广告主，形成了"广告主（Advertiser）→互联网媒体（Publisher）"的简单交易模式。由于此时的互联网广告交易模式仍然延续了传统媒体的广告交易思维，因此，尚未在根本上产生对计算的强烈需求。

二、互联网广告的中介化交易（第二阶段）

随着广告主对互联网媒体认识的深化，越来越多的广告主意识到了互联网广告的潜在价值。与此同时，互联网媒体的数量也出现了较大规模的增长。然而，很多广告主实际上并不了解互联网广告市场的操作模式，而很多互联网媒体也没有搭建一个完善的广告投放平台，尤其是一些中小媒体根本不具备建立广告销售团队的能力和实力。这样就产生了作为互联网广告资源交易中介的广告网络(Ad Network),从而形成了"广告主→广告网络→互联网媒体"这样的广告交易与投放模式。广告网络能够接受大量互联网媒体的托管,批量地经营这些被托管的广告资源为它们实现流量变现的目的。可以说,广告网络的出现,一方面降低了广告主和互联网媒体双方的交易成本,使得广告主的广告可以出现在不同的媒体上,在某种程度上实现了定向投放和竞价策略;另一方面,伴随着定向投放和竞价策略而来的就是流量的在线分配问题,如何在满足每个广告合约基本的目标受众量需求的前提下为它们匹配更精准的、更高质量的用户,就成为此时互联网广告交易模式中至关重要的计算问题。

三、互联网广告的平台化交易(第三阶段)

广告主和互联网媒体的类型和数量持续增长促进了互联网广告市场的不断扩张,也促进了广告网络规模和数量的增加。广告主希望以更精准的投放模式覆盖更多的互联网媒体,但是多数的广告网络仅能够覆盖并服务一小部分的互联网媒体和广告主,这就需要在多家广告网络之间进行互相协调。如果没有一个健全的、完善的协调机制,就势必会造成广告主难以购买到有效的广告资源或者互联网媒体大量有价值的广告资源被闲置和浪费,从而阻碍了广告定向投放的实现,也降低了广告资源的变现效率。这样就形成了多家广告网络共同接入的广告交易平台(Ad Exchange),即"广告网络—广告交易平台—广告网络"的类证券交易所模式。与此同时,市场上还形成了代表广告主利益的广告资源需求方和代表媒体利益的广告资源供给方,广告交易平台能够帮助供需双方高效地实现广告资源以更优化的形式完成精准匹配的目标。广告交易平台是一种大量聚合各类互联网媒体剩余广告资源或流量并按照实时竞价方式实现流量变现的全新的广告交易形态。"在这种模式下,供给方只向广告主保证质即单位流量的成本,但不再以合约的方式给出量的保证,换言之,对每一次展示都基本按照收益最高的原则来决策。"①而事实上,实时竞价模式的采用在根本上放弃了传统媒体合约广告的交易方式,使得互联网广告沿着更符合数字化媒体特征的计算广告的

① 刘鹏,王超.计算广告:互联网商业变现的市场与技术[M].北京:人民邮电出版社,2015:13.

方向进一步演进，并使计算广告的概念在产业应用层面得以最终确立。

四、互联网广告交易平台的完善(第四阶段)

根本上讲，广告交易平台是连接广告资源需求方与广告资源供给方的关键纽带。随着诸如雅虎、谷歌(Google)、亚马逊(Amazon)、脸书、阿里巴巴、腾讯、百度等越来越多的互联网巨头对广告定向投放和实时竞价系统的提升，以及整个互联网广告市场的深化和产业分工的细化，越来越多的产业新进者和信息新技术逐渐对广告交易平台进行着更细致的改造、对互联网广告市场也进行了更全面的重塑。需求方平台(Demand Slide Platform，简称 DSP)、供给方平台(Supply Slide Platform，简称 SSP)、实时竞价系统(Real Time Bidding，简称 RTB)、实时销售系统(Real Time Sale，简称 RTS)、数据交换平台(Data Exchange)、数据管理平台(Data Management Platform，简称 DMP)等角色的相继出现逐渐完善了互联网广告交易平台的生态系统(如图 3-1)。每一个市场细分领域的参与者都瞄准于解决互联网广告市场或广告交易的某个特定需求，其中广告交易方面最主要的三个部分就是广告交易平台及其连接的两端，即需求方平台和供给方平台。此时，基于供给方平台的广告资源采购方式已经与传统媒体的合约广告模式大相径庭，它基本实现了用计算机程序自动采购代替传统的人工采购，与股票市场的程序自动化交易非常类似，因此这种广告采购方式也被称为程序化购

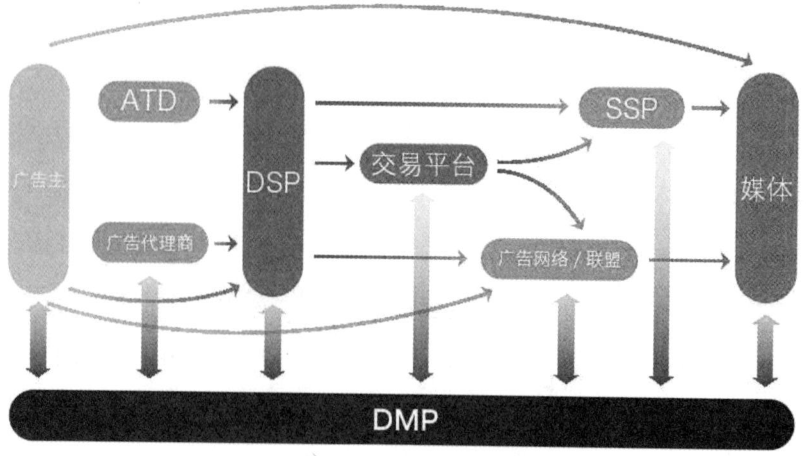

图 3-1　互联网广告交易平台的生态系统

买。这也是当前数字化广告交易模式与传统媒体广告交易模式之间的又一个关键差异，它从广告请求到最终的广告精准呈现虽然历经诸多环节的大量机器计算和数据流动，但是整个过程却必须在 100 毫秒甚至更短的时间内完成。因此，它对数据技术和高效算法存在着强烈的需求。

五、全媒体化的计算广告交易平台的构建(第五阶段)

当前，任何一个用户所使用的媒介终端和所需求的媒介内容都呈现出多样化的趋势，而不同用户的媒介接触习惯和终端使用规律也各不相同，“如何针对不同用户的不同媒介习惯和终端使用规律制定个性化的广告传播策略”已经成为产业热点话题。事实上，广告主希望更加集约化、精准化地进行所有广告的投放与效果衡量，这就产生了将程序化购买的理念和技术应用到更广泛的全媒体广告采购与投放的过程中的需求，从而实现所有媒体的融合化、定向化、自动化、智能化广告传播。这一需求对当前基于互联网环境的广告交易平台提出了更高的要求。它不但要能够实现在线广告的快速反应、计算和投放，还必须能够基于用户在不同类型媒体上的浏览内容，结合时间、地点、行为等要素构建的特定场景，以程序化购买的方式实现全媒体、全方位、立体式、即时化的广告购买与投放。在这种情况下，就需要通过构建全新的全媒体广告交易管理平台，来对广告资源的购买、交易、匹配进行有序管理，它能够将电视广告的交易体系、互联网广告的交易体系、户外媒体广告的交易体系以及更多类型的广告交易体系进行整合，并在用户、数据、技术、效果等广告传播的基本要素基础之上建立一个广告资源价值评估和广告传播效果衡量的统一标准。

第三节 程序化交易的主要参与方

在程序化交易的体系中，主要有五大参与主体：广告主、广告代理、广告网络、广告平台和发布媒体。对于广告主和媒体，大家都已经非常熟悉了，这里就不再过多介绍。除此之外，有必要先来了解一下程序化购买流程不同环节上的其他各个参与方，尤其是构成程序化交易的供给方平台、需求方平台和交易平台等概念。

一、广告网络(Ad Network)

广告网络是一个较为广泛的概念，是一种介于出售广告产品的移动媒体与想在移动媒体上刊登广告的广告主之间的平台。广告网络是一个封闭的自由交易的网络广告市场，广告网络代理商作为中间环节先向媒体采购广告库存，然后再转售给广告主，比较大的广告媒体更倾向于创建自己的广告网络。大型广告网络例如谷歌网页端的AdSense、移动端的AdMob，它们都是一个连接广告主和网络媒体的广告系统平台，一方面为广告主提供广告管理、发布和监测服务，另一方面为媒体兑现部分广告存货的价值。

二、广告交易平台(Ad Exchange)

Ad Exchange是一个相对开放的、能够将广告媒体与广告主通过自由交易联系在一起的在线广告交易市场。交易平台里不需要将媒体广告产品买断之后再销售给广告主，往往采用实时竞价的方式。Ad Exchange广告交易平台的运行方式：当一个目标广告受众访问广告位页面，SSP端向Ad Exchange交易平台发出访问请求，告知SSP广告产品的具体信息，包括最低出价要求以及通过DMP分析匹配后的媒体受众属性等，再打包发送给各个DSP，DSP端开始对这个广告产品展示进行实时竞价，竞价最终获胜者就能够让自己的或其代理的广告展现在这个广告位上，进而向受众展示。

三、需求方平台(DSP,Demand-Side Platform)

需求方平台的出现主要是为了解决多个Ad Exchange平台共存以及每个Ad Exchange体系里多个并发的“购买请求”这一烦琐的流程。DSP对接了大量广告交易平台的广告产品，允许广告客户和广告机构更方便地跨Ad Exchange平台访问多个广告展示机会，以及更简单、有针对性地购买有效展示机会，为广告主或广告代理提供了跨媒体、跨平台、跨终端的广告投放服务。DSP 可以基于数据的媒体受众定向技术(Audience Targeting)，通过对媒体受众行为数据的分析，找出潜在目标媒体受众群的行为特征共性，从而选择适当的媒体将广告投放给具有共同行为特征的受众。

DSP 的主要价值在于：

◇ 广告主通过 DSP 决定它的这条广告要投放到哪些媒体；

◇ 广告主利用 DSP 的算法和技术等，通过设定这条广告目标用户的属性进行定向，来确定这条广告的展示受众有哪些，比如：设置投放的这条广告对应的目标人群：性别为男性，年龄为 20 岁，兴趣为玩游戏，地址为北京海淀区，使用的手机品牌为华为等；

◇ 媒体资源那边把带有广告主要求的属性标签的 N 个用户展示给 DSP；

◇ DSP 根据各个广告主在投广告时选择的属性定向来匹配。

四、供应方平台(SSP，Supply-side Platforms)

SSP 是针对广告发布媒体的服务平台，目的是为充分利用媒体流量资源，为广告发布媒体争取最佳收益。通过 SSP 的广告生产管理者或是优化者角色，媒体的库存广告产品可以获得最高的 CPM 收益，而不必以低价与低质量媒体竞争广告主投放。同时，SSP 帮助媒体更好地管理和对资产定价，并且提供数据保护以及对品牌声誉的保护等。

五、数据管理平台(DMP，Data-Management Platform)

DMP 能够帮助所有涉及广告库存购买和出售的 DSP、SSP 等管理其数据、更方便地调用第三方数据、增强广告交易平台中所有角色对数据的理解、传回数据或将定制数据传入某一交易平台，以进行更好的目标受众定位。DMP 往往包含数据提供商和数据管理平台，数据管理平台允许所有参与到媒体采购和销售的 DSP 管理数据，利用第三方的数据或者访问来自其他交易平台的数据。数据提供商可以提供其通过其他手段采集的媒体受众数据、监测数据等，以支持数据管理平台。由于目前整合营销跨网络、跨平台的实际需求，DSP 需要整合互联网媒体、移动媒体、垂直类视频以及社交媒体等各种各样的互联网资源，因此，在中国程序化广告技术生态圈里（如图 3-2），能提供这些数据和分析的 DMP 的地位将在未来展示广告领域中越来越重要。

图 3-2　中国程序化广告技术生态圈

既然是数据管理平台，我们就要了解，数据有这样几类：

◇ 第一方数据，自有数据。比如你是可口可乐公司，你官网收集的数据、你的 CRM（客户关系管理）内部系统的数据等，这些自有数据就是第一方数据。

◇ 第二方数据，广告投放获得的数据。作为可口可乐公司，你是不是会投放大量广告，通过广告投放你得到广告渠道反馈给你的数据，这就是第二方数据。

◇ 第三方数据，这个就是大家最好理解的，你从数据商购买的其他数据，比如你找百度购买了数据，那么这些数据就是第三方数据。

这些数据共同组成了 DMP 数据库里面的数据。

相应的，DMP 也有如下几类：

◇ 第一方 DMP，多为大型广告主自己内部搭建或者寻求外部技术商为自己搭建的数据库，用来指导自己营销的策略并提供用户数据支持。

◇ 第二方 DMP，是指广告交易平台搭建的 DMP，用来指导广告更精准的投放，提升广告主广告投放效果。

◇ 第三方 DMP，以数据交易为主要方式的 DMP，为需求方提供数据交换、售卖。通常需要对接到 DSP 后指导广告投放，如果是 PC 端，还要涉及 DSP 和 DMP 之间的交换，专业说法就是 cookie mapping。

六、扩展型 DSP(DSPAN)

要了解 DSPAN(Demand-side Platform Advertising Network)，首先必须搞清楚两个概念，即 Ad Network 和 DSP。Ad Network 是连接媒体和广告主两方的广告网络，通过自身专业的服务去匹配媒体资源和广告主需求。从广告源选择上来看，Ad Network 由于流量来源于已采购的媒介，只要通过内部竞价(无须外部竞价)，即可选取最适合的广告进行投放；而 DSP 由于流量非自有，除了选择内部最适合的广告以外，还要考虑到外部的竞争环境，一般情况下需要上浮出价以确保一定概率的成功购买。值得注意的是，数据挖掘和精准投放不是 DSP 的专利，Ad Network 也可以通过第一和第三方数据采集用户偏好，并根据算法对给定的用户进行各类广告的转化率预测，而且主流的 Ad Network 早已告别盲投年代。DSP 是广告主需求方平台，通过单一的用户界面连接众多的广告交易平台和其他媒体供给(Ad Exchange 和其他流量)，支持自动优化广告竞价活动，一般拥有 RTB 实时竞价能力，基于先进的分析技术，对每次广告展示进行估值，把购买广告位变成购买用户，并且可接入第三方数据。DSPAN 是 Ad Network 公司结合新推出的 DSP 进行组合的模式，其主要是考虑到一些大型广告主的特殊媒介需求，Ad Exchange 流量无法满足它，而 Ad Network 在自有的广告网络池子里有一些垂直、视频、门户的流量，这些流量可以作为私有流量接入到 DSP 中，以满足广告主需求。

七、采购交易平台(Trading Desk)

Trading Desk 顾名思义为程序化广告购买的交易桌面能够提供一整套的整合营销服务方案，如果说在证券交易营业厅里的阿婆阿公是散户的话，那么 Trading Desk 就好比证券营业部的大户室。大户有何种需求？归根结底是一种对尊崇客户的全方位服务，那么 Trading Desk 到底提供何种服务能让 Trading Desk 区别于 DSP 呢？Trading Desk 基本上是为大品牌、大预算服务的大户室，大多隶属于大型媒介购买集团。

于是 Trading Desk 需要必备以下几种功能：1)整合能力。能将 DSP、DMP、SEM(搜索引擎营销)、Adserving、Brand Safety(互联网公关管理)以及传统购买方式融合进程序化购买，基本上能提供全案的能力，当然可能用了几个 Vendor(代理商)。2)特别注重品牌安全。一个类似 GE 的品牌，累计使用了几百亿的预算来建设品牌，有严格的品牌政策，而程序化购买的品牌安全就是 Trading Desk 必须考虑的，也是 4A 的优秀传统。3)包段资源。几乎所有的 Trading Desk 都会利用母公司的媒介优势去包段一些资源，来体现 Trading Desk 的优越性，他们追求的就是这种高于 DSP 的程序化购买优势，不仅限于 RTB。4)定制能力。几乎所有的品牌广告主都有一些这样那样的要求，Trading Desk 就需要有一些定制能力。5)提案能力。不同于 DSP，Trading Desk 会经常参与大品牌的年度整体提案比稿，作为一种策应优势。

八、程序化创意平台(PCP,Programmatic Creative Platform)

专注于广告创意的优化投放，通过技术生成海量创意的过程。每个人看到的广告是不一样的，即使同一个人在不同场景看到的广告也可以不同。

九、广告验证平台(Ad Verification Platform)

通常为品牌广告主服务，为其提供广告过程中的品牌安全、反作弊、可视度等保障，通过分析投放媒体的内容合法性、正面性为品牌广告主提供一个和谐的媒体环境。

十、监测分析平台

品牌广告主在投放过程中通常会选择信任的第三方监测分析平台对广告投放数据进行同步监测，用于评估广告平台投放的数据。

第四节　程序化广告交易模式

程序化购买的实现通常依赖于需求方平台 DSP 和广告交易平台 Ad Exchange，它包括 RTB 实时竞价模式和 Non-RTB 非实时竞价模式。

一、实时竞价

RTB 实时竞价，是一种利用第三方技术在数以百万计的网站上针对每一个用户展示行为进行评估以及出价的竞价技术。与大量购买投放频次不同，实时竞价规避了无效的受众到达，针对有意义的用户进行购买。它的核心是 DSP，RTB 对于媒体来说，可以带来更多的广告销量、实现销售过程自动化及减低各项费用的支出。而对于广告商和代理公司来说，最直接的好处就是提高了效果与投资回报率。

RTB 并不是新鲜事物，Real Time Bidding 在广告行业中早已耳熟能详。传统的互联网广告生态链一般最多只有三方，分别是广告主、广告代理商（即广告公司）以及互联网媒体。而在 RTB 广告交易模式中，原有的广告生态链发生了变化，整个生态链包括广告主、DSP、Ad Exchange 以及互联网媒体四个主体。广告主将自己的广告需求放到 DSP 上，互联网媒体将自己的广告流量资源放到 Ad Exchange，DSP 通过与 Ad Exchange 的技术对接完成竞价购买。因此，当用户访问一个网站时，SSP 即向 Ad Exchange 发送用户访问讯号，随后广告位的具体信息则会经过 DMP 的分析匹配后发送给 DSP，DSP 将对此进行竞价，价高者会获得这个广告展现机会，并被目标用户看到——从开始竞价到完成投放，这一系列的过程仅需 100 毫秒，全部依托机器完成。

RTB 投放机制是什么样的呢？RTB 广告简单来说，就是把你的每次页面浏览，通过拍卖的形式卖给广告主，谁出的价高就把你的这次浏览卖给谁，然后显示相应的广告。RTB 的实现，需要整个产业链上不同的参与方共同合作才能完成。RTB 整个过程主要的三个参与者为 Ad Exchange、SSP 和 DSP。Ad Exchang 服务是基石，所有的广告必须通过 Ad Exchange 挂牌出售，Ad Exchange 承担了相当于交易所的功能；SSP 帮助媒体管理自己的广告位资源，类似股票交易中的承销商，它保证相应的页面资源被访问时，可以及时在 Ad Exchange 挂牌出售；DSP 帮助广告主出价，类似股票交易中的券商，当有广告位被挂牌出售时，DSP 通过分析传过来的数据来决定是否要出价以及出多少价。

比如你打开一个体育网站查看最近的篮球比赛信息，在右边有个广告栏。当你打开页面的一瞬间，SSP 得知你打开了这个页面，然后这个页面被挂牌到一个或多个实时广告交易平台进行出售，Ad Exchange 便通知 DSP(可以认为它是个广告代理机构)说有个爱看体育的小伙子在看 NBA 比赛信息，你们愿意花多少钱给他看你们的广告。这时候 DSP A 开始分析，我这边耐克最高愿意出 2 元钱；DSP B 一分析，我这边阿迪达斯愿意出 2.5 元。如此各个 DSP 都给出了自己的报价。最后各个 DSP 出价信息提交 Ad Exchange 再汇总到 SSP，最后发现阿迪达斯出的价格最高。那接下来的事情就很简单了，阿迪达斯的最新款球鞋广告便出现在右边的广告栏里。只是这一切都发生在不到 1 秒的时间里，看网页的小伙子全然不知右边的广告是如何产生的。但他发现右边的球鞋之前并没有见过，看来是新款，便点进去进一步了解这双鞋，如果觉得好他可能会直接买下这双鞋。

二、实时竞价的流程

步骤 1：用户使用 Web 浏览器访问媒体站点，如 www.yahoo.com。媒体将本站点的内容，比方新闻，呈现给用户。与此同时，媒体也会在一些广告位上展示广告给用户。虽然媒体的主要工作是展现高品质的内容给用户，但也需要通过广告来赚钱，以使得提供内容的业务可以得以延续。他们可以使用自己的销售队伍销售广告库存。

然而，对于媒体来说，RTB 是越来越重要的销售广告库存的渠道。这里雅虎决定将右上角广告位通过 RTB 方式进行售卖。

步骤 2：雅虎将信息传递给广告交易平台，比方 A。传递的信息包含 URL（网址）、广告位置、用户 Cookie ID 等。

步骤 3：广告交易平台 A 组织一次竞价，向多家 DSP 发送竞价请求。假定优衣库是 DSP 当中一家。

步骤 4：当优衣库 DSPserver 接收到广告交易平台的请求，将数据传递给竞价引擎。

步骤 5：竞价引擎发送用户 ID 给用户与广告主信息数据库，看用户与广告主的需求是否匹配。

步骤 6：竞价引擎接收到用户与广告客户的信息，并决定是否参与竞价及竞标价格。

步骤 7：竞价引擎生成一个出价响应，并把它传递给 DSPserver。竞价响应包含竞标价格及比方从哪里获取广告等其他信息。

步骤 8：优衣库 DSPserver 发送竞价响应给广告交易平台 A。

步骤 9：广告交易平台 A 在接收到全部 DSPserver 的响应或者截止期限到达后进行竞拍。广告交易平台 A 的截止期限是 100 毫秒，是广告交易平台 A 发送竞价请求与接收 DSP 出价响应的时间差。广告交易平台通常执行 Vickery 拍卖模式，也称为第二价格拍卖。当中，出价最高的广告主获胜，并支付第二高的投标价格。这里我们假定优衣库 DSP 是本次广告曝光竞价交易的赢家。（维克瑞拍卖 Vickrey auction 就是俗称的 Second price auction，就是拍卖胜出者最后所付的价格是第二高报价上再附加 10%左右的增额。

步骤 10：广告交易平台 A 通知用户 Web 浏览器竞拍的赢家。Web 浏览器发送广告曝光请求给广告创意所在的广告 server。

步骤 11：广告 server 发送创意给用户的 Web 浏览器。

步骤 12：用户看到站点上的广告。假设用户对该广告感兴趣，他会点击广告，从而进入广告主的登陆页。用户浏览广告主的站点，可能采取进一步的行动。比如，假设广告主是一家电子商务公司，用户可能在电子商务站点上进行一次购买活动。

如果我们把这个流程简化，大致的意思就是：SSP 首先跟 Ad Exchange 说我这有一次广告展现机会，然后 Ad Exchange 跟所有 DSP 说我这有一个广告展现机会，DMP 会告诉你这个广告要展现的用户是谁，男或女，哪里人，以前都干过什么、买过什么，这时候 DSP 1 说我出 1 元，DSP 2 说我出 5 角，这就是一个实时竞价的过程。Ad Exchange 最后通知 DSP 1 胜出，DSP 1 便把广告内容给到 Ad Exchange，Ad Exchange 把广告内容给到 SSP，从而展现在了用户面前。

三、非实时竞价

互动广告局(IAB)对程序化广告的交易模式和定义进行了标准化，根据是否竞价以及库存是否预留(保量)，将程序化广告分为四种交易模式(如图 3-3)，这四种程序化交易模式中，除了第一种公开交易之外，这里主要介绍一下其他几种非实时竞价的交易模式。

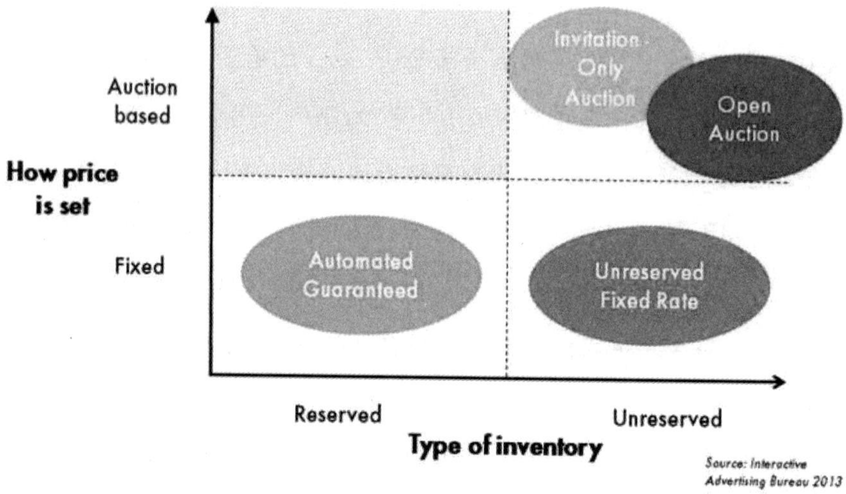

图 3-3 程序化广告分为四种交易模式

Open Auction(公开竞价交易)：一种公开式的竞价投放方式，所有的广告主均可通过竞价的方式投放广告。公开竞价一般适用于媒体常规资源的剩余流量变现。这种交易模式又被称为 RTB。

Automated Guaranteed(担保投送优化)：一种保价保量式的投放方式，广告主以固定价格并承诺一定的投放量从媒体手里采买要投放的资源，同时媒体要向广告主承诺库存。这种交易模式又被称为PDB（Programmatic Direct Buy）或GPB（Guaranteed Programmatic Buy）。

PDB是在原本的广告发布排期的基础上进行的适度升级，其购买流程并没有很大的变动，并未触碰传统购买的利益链条，只是针对广告主包段的优质流量，采用程序化广告的方式进行投放，在有限的条件下做到在对的时间和地点将对的广告展现给对的人。行业内人士通常将此程序化广告模式戏称为"保价保量"的模式。所谓适当的限制条件指的是对于传统按天收费的固定广告流量，媒体一般不会同意退量，一是因为技术上媒体投放系统无法支持，二是这样做会侵犯到媒体的利益。因此在这种状况下，广告主就必须对展示的广告内容做适当的优化，以展示多个创意或多个产品内容。当然传统广告投放方式也有按照"千人成本"来收费，这种收费方式媒体是同意筛选流量的，即非广告主目标消费者的广告展示机会仍退还给媒体以展示其他广告内容。当然这种退量也是有一定限制的，一般不超过20%。该模式只是借助RTB的技术通道来完成程序化广告，买方不参与竞价且买卖双方都是一对一的，因为价钱在线下已经谈好。

Unreserved Fixed Rate（非预留固定价交易）：一种保价不保量的投放方式，广告主以固定价格（价格一般低于保价保量）但不承诺投放量从媒体手里采买要投放的资源，同样媒体也无须向广告主承诺库存。这种交易模式又被称为PD（Preferred Deal）。

由于PDB程序化交易模式的限制条件，那么是否存在一种"保价不保量"的交易模式呢，即广告主可以根据其需求没有限制地任意挑选优质流量。当然这种模式对于广告资源供应方也存在一定的益处，因为媒体的流量每天都会有波动，尤其对于按照"千人成本"方式收费售卖的广告资源，排期预订之外的流量会出现一定程度的波动，就会出现一些剩余流量，这些优质的边角料在过去也只能寻找一些长尾广告主以相对优惠的价格打包卖出去。综上可知买卖双方的需求点再次结合，从而产生了PD程序化交易模式，英文全称为"Preferred Deal"，流量卖方还是会定一个相对较高的价格，但一般不会高于PDB模式的收费价格。该模式同样无须进行竞价，只是通过RTB的技术通道，将剩余的优质流量再次被高效利用。该模式同样买卖是一对一的，只不过卖方无法保证广告库存，价格是事先约好的。

Invitation Only Auction(邀请制竞价交易)：一种邀请式的竞价投放方式，只有通过媒体邀请的广告主才能通过竞价的方式投放广告。邀请竞价一般仅适用于媒体优质资源的剩余流量变现。这种交易模式又被称为PA(Private Auction)。

PA即私有竞价。此类一般适用于卖方的流量极其优质，但又想将其卖出一个更好的价钱，当然为了自身的品牌形象同时也希望优质一些的广告主投放，因此就能将一群满足条件的优质广告主组成一个VIP会员竞价club。这些优质广告主同台竞争一些黄金广告展示机会。这就类似目前一些高级商场为自己的VIP会员举办的特殊的享受优惠的party。当然，既然有多个买方必然会出现竞价这一过程，但相对于公开竞价，其竞争程度会小一些，只有VIP会员才有权利参与其中。

第四章

程序化创意

第一节　什么是程序化创意

一、概念界定

(一)程序化创意平台

程序化创意平台(Programmatic Creative Platform,简称PCP)是一种通过程序化创意工具进行智能、批量制作和优化创意,并在程序化广告投放过程(一般为RTB)中进行动态创意优化的平台。即实现从创意制作到投放优化整个过程的程序化,具体工作流程参考如图4-1。

程序化创意由数据和算法驱动,通过对广告创意内容进行智能制作和创意优化,从而整合互联网创意产业上下游的技术。通过预先设定的算法和流程,程序化创意平台可以快速产出成千上万个细分版本的广告群组,并在投放过程中智能决策、优化创意组合。程序化创意利用程序化技术,将传统被置于线下的创意生产整合进入互联网营销工作流,实现了创意与媒介的闭环。

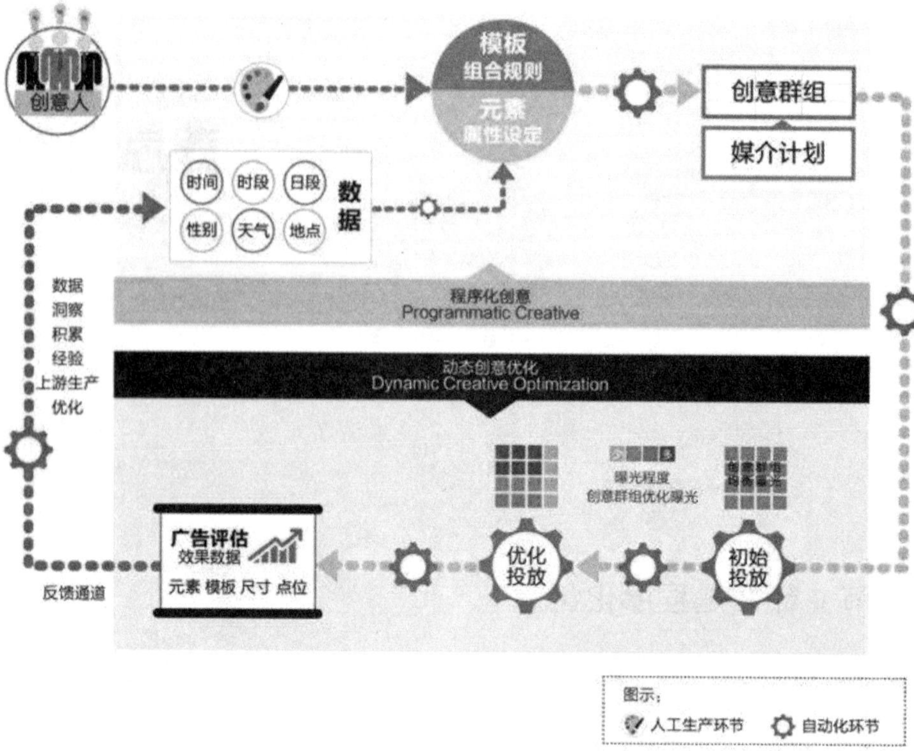

图 4-1　程序化创意工作流程示意

更具体来看，狭义上的程序化创意，是由数据和算法驱动，实现海量创意的批量生产，对广告创意内容进行智能制作和创意优化，一般应用为创意制作工具。广义上的程序化创意（出现在报道资讯里的）一般都指代与程序化创意相关的所有技术和模式。

在程序化创意之外，还需要注意另外两个概念，那就是动态创意优化和动态商品广告。

（二）动态创意优化

动态创意优化（Dynamic Creative Optimization，简称 DCO）通过实时的效果反馈来调整广告素材等元素，比如：标题、文案、按钮等，来优化广告 KPI 指标。通过给定的规则自动动态组合多种元素，以匹配不同的投放环境，一瞬间为不同细分群体、场景定制投放不同的创意内容。动态创意优化概念不能与广告投放过程脱离，一般存在于广告投放平台（程序化创意平台）中，动态创意优化的优点见图 4-2。

	Programmatic Creative	DCO
核心目的	创意生成和展示程序化——快速高效	创意投放的结果优化——提升效果
技术门槛	低，适用性强	高，基于A/B测试
成本	低，只做一版素材	高，多版素材，分组展示
得利者	媒体端(即流量主、DSP)	用户端(即广告主)
投放基础	用户兴趣标签，历史数据	创意素材测试，实时处理数据
其他	在此基础上的广告，满足客户KPI一般采用ocpa，或者广告优化师进行调整	是对创意素材/投放人群/投放场景/投放时机的优化，千人千面

图 4-2 动态创意优化的优点

(三)动态商品广告

动态商品广告(Dynamic Products Ads,简称 DPA)又被称为搜索动态商品广告,服务海量商品投放需求的搜索投放产品,通过接入广告主数据,围绕“商品”,实现商品批量投放及动态创意的生成,再根据广告主后续的回传数据进行优化创意模板和商品推荐。可作为 DCO 的一种形式,但是动态的客体更加侧重于商品,而不是创意本身。

二、主要特征

程序化创意到底是什么东西。给大家举个例子就明白了:淘宝的千人千面。你看图 4-3,就有很明显的规律,它们的文案、字体、位置都是一样的,但是主图、背景颜色、大小……是不同的。千人千面是每个人看到的都不一样,淘宝每天有数亿人登录,每个人看到的要不同,即使是百万级别的素材制作都是需要非常长的周期和非常多的人力。程序化创意就能够解决这个问题,只需要上传原始主图,做些设置,就可以在几个小时内生成上百万的 banner 素材。原来需要 100 个设计师做几个月的东西,现在需要一两个小时。

对于素材,或直接说 banner,我们在设计的时候,首先要确定它的大小,比如横幅:长横幅还是短横幅;通栏:大尺寸还是小尺寸……这些尺寸是按照广告平台已有的

图 4-3　淘宝千人千面的创意展示

规则，直接可以在程序化创意平台里面设置。

程序化创意正在或即将怎么影响程序化广告生态呢？简单来说可以分为三个方向：

◇ 创意生产工具化：减少不同尺寸、要求的广告素材制作的工作量，即替代低阶设计师的价值；

◇ 创意效果数据化：通过创意降维、数据跟踪等对创意元素的效果进行量化和优化，而非定向调整投放策略，即替代部分程序化广告优化师的价值；

◇ 创意内容数据化：通过创意数据，洞察消费者心理，提取特性，替代了部分市场人员的传统消费者洞察服务的价值。

程序化创意具有以下几个特征：

（一）规模上，实现“去中心化”的创意群组

程序化创意能够实现创意的“规模化定制生产”。常规的系列化创意围绕一个创意核心只能产生几个到几十个创意结果，而对程序化创意来说，只要增加模板和元素素材，轻而易举就能输出成千上万的结果。程序化创意不必“优中选优，只留独苗”，而是容纳多种创意想法，构建出“去中心化”创意群组，让创意人有更大施展空间。广告

活动只针对特定目标群体，还是兼顾多个目标群体？押宝一个中心化的创意，对于每个具体的受众，一支无效内容的广告反复曝光，结果仍是无效；多版本内容的广告组合曝光，其中某些创意就有机会产生效用。如果广告主预算充裕，则可以选择系列创意，在内容上多点沟通，扩大目标群体覆盖、分散风险。程序化创意既可以让广告向 10,000 个人各说 1 句不同的话，也可向 1 个人说 10,000 句不同的话。

（二）速度上，高效管理广告素材与投放物料，实时更新

程序化创意平台会提供创意素材的集中管理功能元素。更高效的是，如果对模板、元素进行了调整，不需要再靠人工制作所有尺寸和格式的投放物料。此外，程序化创意的后端可使用动态创意优化功能，通过算法条件设定创意的优化逻辑，在广告投放的实战过程中进行动态甄选，给表现好的创意更多曝光机会，这个过程也是实时进行的。如果与程序化购买相配合，则更是可以实现创意内容与受众、场景细分的全面自由定向投放。

（三）数据上，为创意生产到投放过程提供细致支持

有了不限版本数量的广告生产能力，利用静态数据和动态数据来产生广告内容就成为可能。广告内容可以随着地理位置、天气、时刻、事件焦点及用户属性等数据的变化而变化，能够更贴近受众的想法和喜好。社交网络上讨论的热点、被转发最多的用户评论、比赛中的最新得分……统统都能立刻成为程序化广告中的动态内容。广告有没有效果？通过用户在广告上的行为数据，比如鼠标悬停、点击等，结合创意群组之间的元素差异分析，就能做到过去的广告监测所做不到的事情——通过数据验证和判断哪些创意元素、组合方式更有效，以此为基础可以对创意内容进行持续优化。如果广告的投放量够大，结合 DSP 所提供的受众属性数据，还能分析出哪些创意元素适用于哪些类型的人群，为日后的广告创意及投放提供具体参考。

（四）协同上，让创意工作流程变得更有效和可控

在今天，媒介形式越来越多样化，除了图片、文字、富媒体、视频等常规格式，还不断有创新形式出现。而广告形式、尺寸、长度、大小以及设备平台属性等诸多因素，对

创意的施展空间都有影响，这对创意与媒介在工作流上的协同是一个挑战。有些广告活动中，媒介策略团队与创意团队并非从一开始就紧密合作，而是等到创意方案形成之后才全面介入。这种串行工作流程中，创意团队对媒介资源和技术缺乏全面了解，难以充分利用媒介的创意空间。程序化创意在媒介技术上提供了丰富而明确的支持，创意从一开始就能与媒介特征相结合，从而让整个工作流程更有效和可控。

第二节　程序化创意流程

一、程序化创意的基本原理

程序化创意(广义上的概念)是基于行业、广告主的共同需求提出的综合解决方案。在广告投放中的应用及参与流程可以分为以下四个部分：

◇ 创意制作：使用创意制作工具，程序化生成多套创意素材放在云端。

◇ 创意投放：当消费者进入某个媒体，其偏好数据实时传送到云端，云端自动选择创意。

◇ 创意展示：投放创意到消费者正在浏览的某个媒体页面。

◇ 创意优化：根据每个创意的数据对创意组合和曝光频率进行优化。

创意的批量、程序化制作离不开创意降维，创意在投放和展示的过程中需要进行创意追踪，最后得到追踪结果后能依据数据进行创意优化。

下面简单分析下这三个原理：

(一)创意降维

即遵循传统模板化的创意生产逻辑，用技术控制模板中的内容要素。以展示广告中最常见的 banner 为例，通常可以被拆分为 Logo、产品、模特、文案、按钮、背景、点缀物等七个内容要素。在准备好多样化的素材后，一次设计生成不同版本素材之间的全排列组合，并且可以适配到所有设定好的尺寸(如图 4-4、图 4-5)。

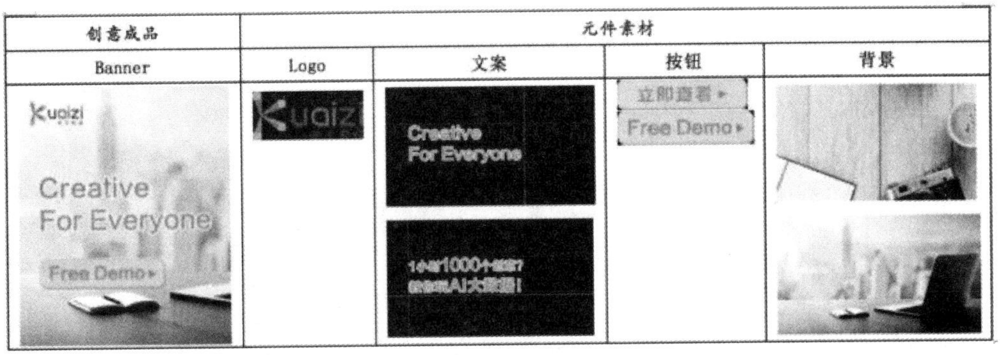

图 4-4　创意降维

图 4-5　创意组合

（二）创意追踪

创意降维后，将创意的每个元素进行编码使其拥有唯一的 ID，创意内容的触发、效果监测、优化、洞察都用标签、数据、算法进行元素级别控制。

第一，给元素加追踪代码。

首先要对组成一个完整创意的各部分内容加追踪代码。将创意素材以元素 ID 标签的形式进行定义，这样针对不同场景的多样化创意就可以通过元素 ID 配置融入一段代码里。

例如在阿联酋航空台北到巴黎航线的推广案例(如图 4-6)中,内容代码规定为:

Creative(天气,地域)= Background_x{x1,x2} + Slogan_y{y1,y2} + Location_z{z1,z2}+ Logo,

图 4-6　阿联酋航空台北到巴黎航线的推广案例

在这个模板下,内容数据有六个,分别是背景 x1、背景 x2、文案 y1、文案 y2、地域 z1、地域 z2;场景数据有两个,分别是天气和地域。

第二,构架创意触发规则。

将内容转化为数据后,创意的触发规则细化为:

Creative(晴,台北)= Background_x1 + Slogan_y1 + Location_z1 + Logo

Creative(雨,台北)= Background_x2 + Slogan_y2 + Location_z1 + Logo

Creative(晴,巴黎)= Background_x1 + Slogan_y1 + Location_z2 + Logo

Creative(雨,巴黎)= Background_x2 + Slogan_y2 + Location_z2 + Logo

当获取了场景代码之后,场景数据符合触发规则,则在广告位上显示该元素组合的内容版本。

除了天气和地域,对于场景和人群也能进行构建创意触发规则。为不同场景的相同类别的人,为相同场景不同类别的人投放不同的广告,即千人千面。

第三,收集创意数据。

在为这些创意的元素添加监测代码之后,进入投放环节的创意不断有数据回流。每一个元素(背景、文案等)的效果以数据形式展现。

(三)创意优化

在创意降维成各类元素的基础上，给元素打上标签，相同的元素可以打上很多个不同类型的标签。最基本的元素标签有位置、大小、类别、背景等。在此基础之上，还有更复杂的元素标签体系，如模特这一元素类别下，还有模特个数、性别、人种、身份等。

创意优化的第一步需要将创意元素进行标签化，将创意内容转化为算法可以理解的语言，一般来说，标签越多越好，有利于积累创意经验。

将非标准化的创意进行标准化的标签解构后，能够以创意数据管理平台为基础，以标签为分析维度对创意的表现进行分析，让得出的创意经验得到数据的支持。有了之前创意投放铺垫基础，在创意生产的阶段遇到的问题都可以在积累的数据资源中寻找准确的答案。

二、程序化创意的基本步骤

为了实现程序化自动批量生成创意，我们需要在创意管理平台制作和管理创意。首先定好创意基本框架(称为创意模板)，框架里面的内容可以分成五部分，也可以称为五个元素(如图 4-7)：

◇ Key Vision(主视觉)：显示创意的主要内容，通常是指商品图片。

◇ Logo(品牌标识)：用于显示广告主的 Logo。

◇ Information(文案说明)：主视觉的补充说明信息，通常是商品名称、价格、折扣信息等。

◇ Call to Action(行为召唤)：与用户进行互动，一般是转化通道，如下载、注册、购买按钮等。

◇ Background(背景图)：背景图，一般用来美化衬托创意。

以上列举的是通用模板，当然，这五个元素不是必须同时存在，也不限于这五个元素，但制作思路基本一致。

总的来看，动态创意制作大致有以下几个流程：

◇ 流程 1：上传各元素内容，形成物料库。包括 Logo、商品信息(包括图片、名称、

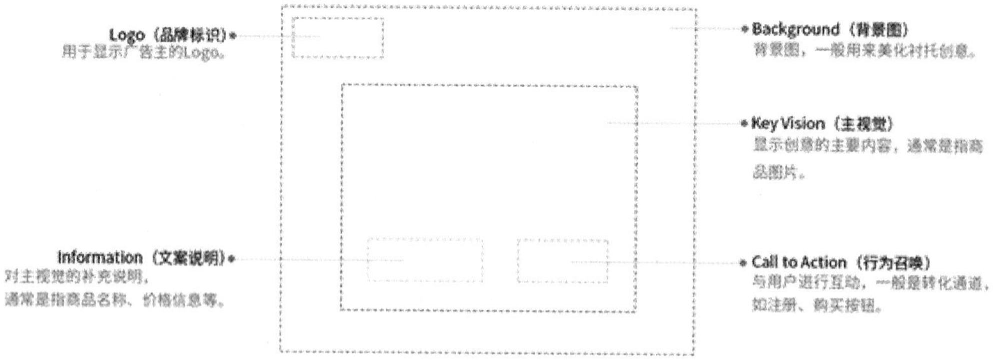

图 4-7　创意模板

价格、折扣等信息)、按钮等。商品信息一般对接广告主商品库批量导入。

◇ 流程 2:制作模板,定义好尺寸比例、各元素的位置及内容来源(比如主视觉引用商品库的商品图片,文案说明引用商品库对应商品的名称和价格)等。

◇ 流程 3:设置创意规则,比如对女性用户展示模板 A:商品内容为该用户加入购物车的信息、每个动态创意自动轮播展示 5 个商品、商品展现顺序按热销度降序排列等。

◇ 流程 4:将模板和规则应用到广告投放,程序化自动生成创意展现给用户。

第三节　程序化创意案例

一、筷子科技的案例

筷子科技是国内程序化创意领域的典型代表。筷子程序化创意平台可以为对接的合作伙伴提供强有力的创意优化方案,数倍提高素材部署效率,节省投放成本,提高点击率。对于按效果付费的广告平台,提升 20%—40% 点击率意味着 DSP 提高 20%—40% 的收入。对于优化效果更加明显的移动端流量平台,点击率和收入甚至能成倍提升。

Bridgewell(宇汇知识科技)是一家专注于服务电商类客户的DSP平台，主要通过谷歌AdExchange采购媒体流量，并使用“橱窗广告”的形式对用户定向投放电商产品广告。由于广告样式少而枯燥，长期投放后点击率呈现下降趋势。导入程序化创意技术后，Bridgewell的每个橱窗广告尺寸都扩展到3—6种样式，并与广告中将要展示的内容结合，通过历史投放数据对广告尺寸、颜色、款式进行优化组合(如图4-8)。

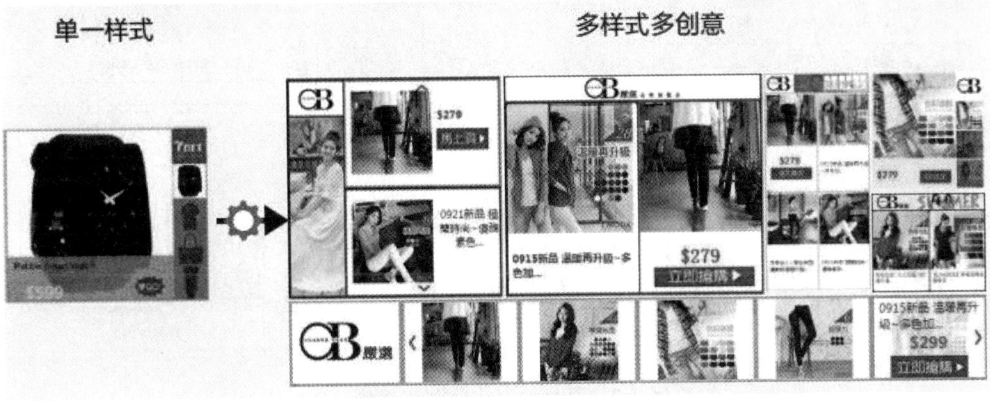

图4-8 Bridgewell公司的多样化创意的广告投放方式

程序化创意最大的优势就在于能够协助广告主快速组合广告模版、尺寸、素材、颜色等元素产生多样性的广告创意组合，直接投放广告给多元化的消费者。针对不同的消费者，在线进行不同创意组合的广告投放，找出每位消费者对创意组合的喜好特征，提高创意广告对消费者的吸引力，进而提升广告点击率，在营销预算范围内，追求最佳的效益。程序化创意成功的关键，应该不仅只着重于快速组合广告创意，而在于通过广告投放的大数据分析，找出关键性的创意优化因子与持续优化的策略，让优化的创意组合广泛应用在不同的营销活动中，从而获得最佳的点击效果。

二、百度的程序化创意

百度的程序化创意支持广告主“多标题＋多物料(图片/视频)”批量投放。每次创意展现，AI优选最佳创意组合，帮助广告主找到“标题＋图片/视频＋样式”的最优投放。同时还支持单创意多流量自动适配，在提升效率的同时，大幅度提升转化量。(如

图 4-9 和图 4-10 的两个案例）

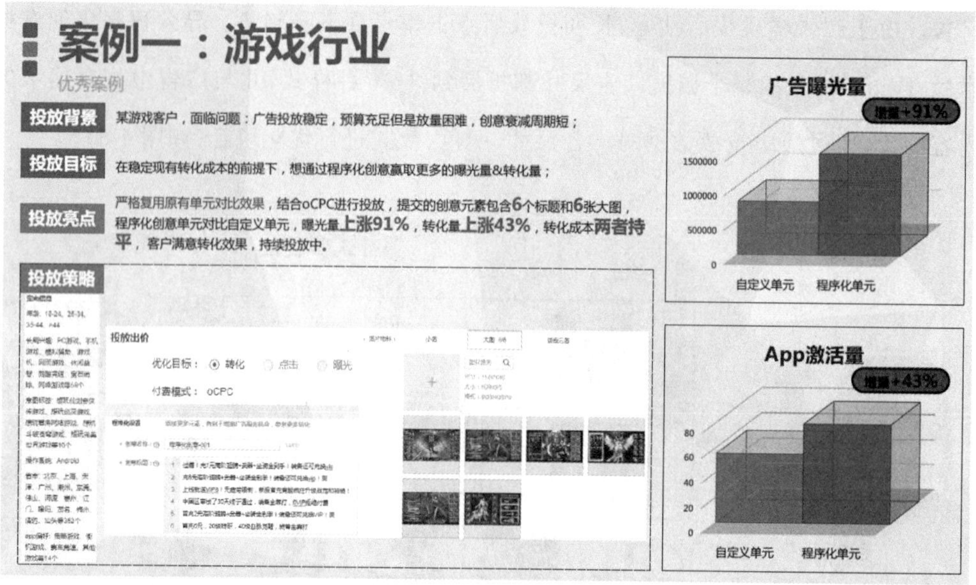

图 4-9　百度的程序化创意案例一

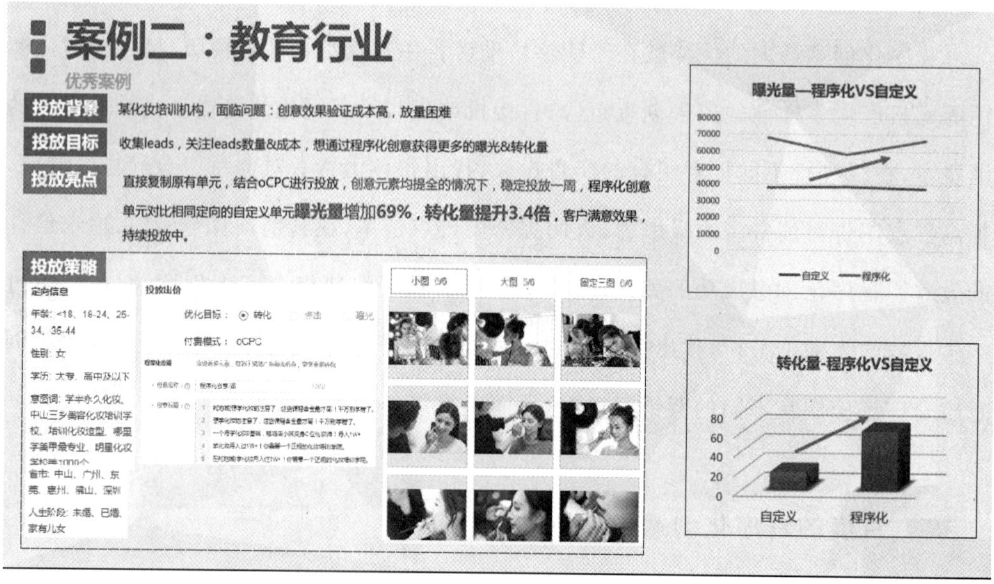

图 4-10　百度的程序化创意案例二

整体来看，百度程序化创意有两大核心能力（如图 4-11、图 4-12）和四大产品优势：

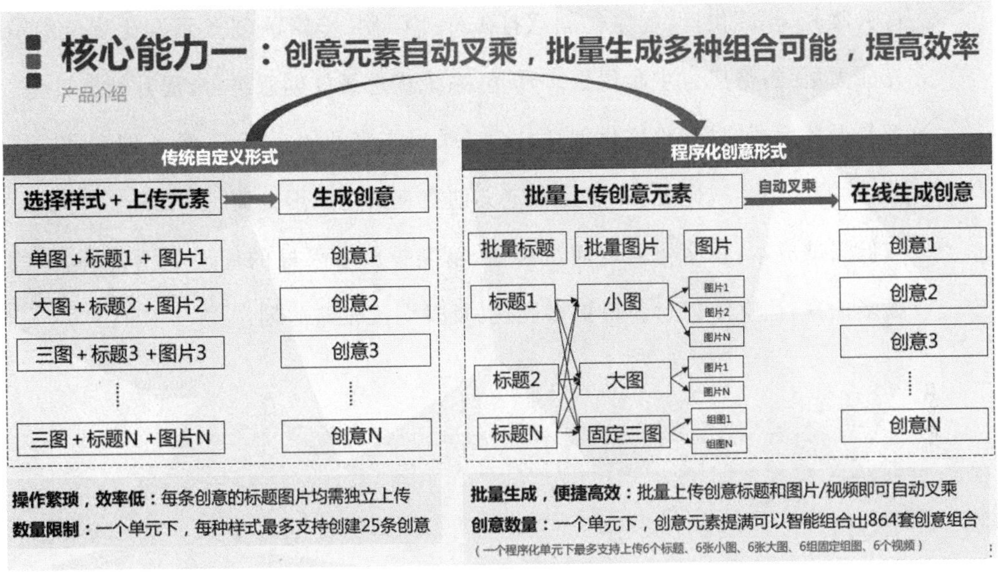

图 4-11 百度的程序化创意的产品核心能力一

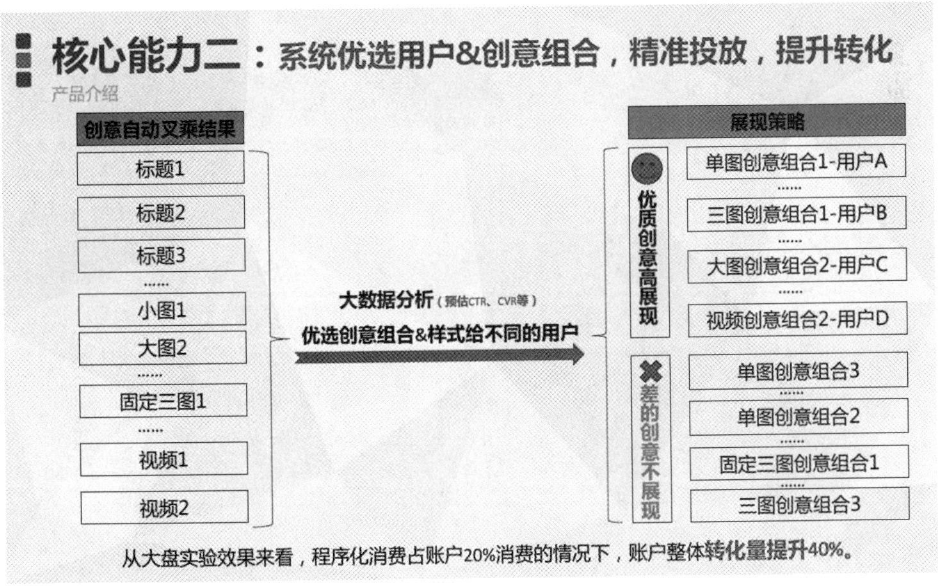

图 4-12 百度的程序化创意的产品核心能力二

百度程序化创意的产品优势：

◇ 更多组合可能：自主上传 n 个标题、m 个内容，程序化创意通过 AI 和机器学习预估所有组合效果。同时引入用户特征，能够实现创意元素组合的千人千面。

◇ 提升曝光 & 转化量：程序化创意打破样式限制，丰富的创意元素让流量的填充能力更强，帮广告主赢得更多曝光，系统优选最佳创意组合，提升创意转化。

◇ 延长创意生命周期：程序化创意自动叉乘出丰富的创意组合，延长创意衰减周期，减缓效果衰减速度(一般比自定义创意衰减周期慢一周)。

◇ 降低测试成本：程序化创意通过预估，精准投放效果好的优质创意，为其分配更多预算，让整体创意获得更多展现，及时淘汰较差的创意。

第五章

计算广告与数据

第一节　数据的作用与类型

一、概念

对于大数据(big data),研究机构Gartner(高德纳咨询公司)给出了这样的定义:大数据是需要新处理模式才能具有更强的决策力、洞察发现力和流程优化能力来适应海量、高增长率和多样化的信息资产。Mckinsey(麦肯锡全球研究所)给出的定义是:一种规模大到在获取、存储、管理、分析方面大大超出了传统数据库软件工具能力范围的数据集合,具有海量的数据规模、快速的数据流转、多样的数据类型和价值密度低四大特征。大数据技术的战略意义不在于掌握庞大的数据信息,而在于对这些含有意义的数据进行专业化处理。换而言之,如果把大数据比作一种产业,那么这种产业实现盈利的关键,在于提高对数据的加工能力,通过加工实现数据的增值。

可以说大数据是无法在一定时间范围内用常规软件工具进行捕捉、管理和处理的数据集合,是需要新处理模式才能具有更强的决策力、洞察发现力和流程优化能力的海量、高增长率和多样化的信息资产。在维克托·迈尔-舍恩伯格及肯尼斯·库克耶的《大数据时代》一书中,大数据指不用随机分析法(抽样调查)这样捷径,而采用所有数据进行分析处理。大数据的5V特点(IBM提出):Volume(容量)、Velocity(速率)、Variety(多样性)、Veracity(真实性)、Value(价值)。根据“5V”特征可对大数据进行界定,但大数据不但包括大数据技术、应用,还包括大数据科学以及大数据工程。其关键不在于如何定义,而应该是如何提取数据价值。

二、特征与类型

(一)容量(Volume)

容量是指大规模的数据量,并且数据量呈持续增长趋势。目前一般指超过10T规模的数据量,但未来随着技术的进步,符合大数据标准的数据集大小也会变化。大规模的数据对象构成的集合,即称为“数据集”。不同的数据集具有维度不同、稀疏性不同(有时一个数据记录的大部分特征属性都为0),以及分辨率不同(分辨率过高,数据模式可能会淹没在噪声中;分辨率过低,模式无从显现)的特性。因此数据集也具有不同的类型,常见的数据集类型包括:记录数据集(是记录的集合,即数据库中的数据集)、基于图形的数据集(数据对象本身用图形表示,且包含数据对象之间的联系)和有序数据集(数据集属性涉及时间及空间上的联系,存储时间序列数据、空间数据等)。

(二)速率(Velocity)

即数据生成、流动速率快。数据流动速率指对数据采集、存储以及分析具有价值信息的速度。因此也意味着数据的采集和分析等过程必须迅速及时。

(三)多样性(Variety)

多样性是指大数据包括多种不同格式和不同类型的数据。数据来源包括人与系统交互时与机器自动生成,来源的多样性导致数据类型的多样性。根据数据是否具有一定的模式、结构和关系,数据可分为三种基本类型:结构化数据、非结构化数据、半结构化数据。

◇ 结构化数据，指遵循一个标准的模式和结构(conform to a data model or schema)，以二维表格的形式存储在关系型数据库里的行数据。结构化数据是先有结构，后产生数据。由于关系型数据库发展较为成熟，因此结构化数据的存储、分析方法也发展得较为全面，有大量的工具支持结构化数据分析，分析方法大部分以统计分析和数据挖掘为主。其中，关系型数据库(Relational Database)是创建在关系模型基础上的数据库，关系模型即二维表格模型，因此一个关系型数据库包括一些二维表且这些表之间具有一定关联。关系型数据库可运用 SQL(结构化查询语言)通过固有键值提取相应信息。

◇ 非结构化数据，是指不遵循统一的数据结构或模型的数据(如文本、图像、视频、音频等)，不方便用二维逻辑表来表现。这部分数据在企业数据中占比很高，且增长速率更快。非结构化数据更难被计算机理解，不能直接被处理或用 SQL 语句进行查询。非结构化数据常以二进制大型对象(BLOB，将二进制数据存储为一个单一个体的集合)形式，整体存储在关系型数据库中，或存储在非关系型数据库中(NoSQL 数据库)。其处理分析过程也更为复杂。

◇ 半结构化数据，是指有一定的结构性，但本质上不具有关系性，介于完全结构化数据和完全非结构化数据之间的数据。它可以说是结构化数据的一种，但是结构变化很大。因此，为了了解数据的细节，不能将数据简单按照非结构化数据或结构化数据进行处理，需要特殊的存储[化解为结构化数据，用 XML 格式(可扩展标记语言)来组织并保存到 CLOB 字段中]和处理技术。半结构化数据包含相关标记，用来分隔语义元素以及对记录和字段进行分层。因此，它也被称为自描述的结构(以树或者图的数据结构存储的数据)。先有数据，再有结构。两种常见的半结构化数据：XML 文件和 JSON 文件(JS 对象简谱)。常见来源包括电子转换数据(EDI)文件、扩展表、RSS 源、传感器数据。

(四)真实性(Veracity)

真实性指数据的质量和保真性。大数据环境下的数据最好具有较高的信噪比。信噪比与数据源和数据类型无关。

(五)价值(Value)

即低价值密度。随着数据量的增长,数据中有意义的信息却没有成相应比例增长。而价值同时与数据的真实性和数据处理时间相关(如图 5-1)。

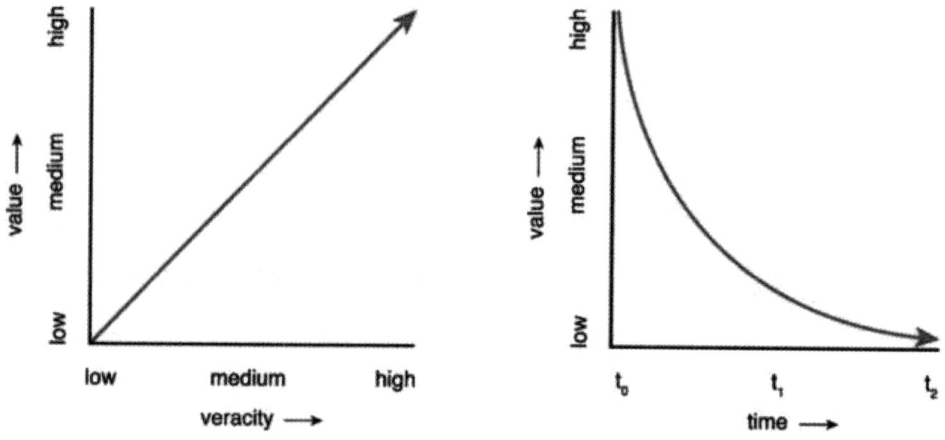

图 5-1 数据的价值曲线

三、数据的作用

大数据的到来,让广告变得更有效率,使营销更加可控,表现形式的改变和调整则成为如何从众多的广告信息轰炸中脱颖而出的关键因素之一。大数据时代的来临,广告的互动性增强,超精准投放变成了可能,出现了新兴的表现形式也不足为奇,因此大数据广告相比于传统广告来说更加有优势。总的来看,大数据正在推动着广告营销走向定制化和智能化。

(一)定制化推荐:用户量身定制的广告信息

互联网时代的消费者已经从大众化、细分化的目标受众变为微分化、个人化的用户。大数据给出的用户定义,不再是一个群体抽象的标准化的面孔,而是一个个丰满的、立体化的形象。[1] 因此,对于企业而言,无论是产品生产环节还是营销传播环节,都不再是继续满足市场需求,而转向了满足个人追求,集合化的市场概念转变为碎片化的个体概念。随着便捷的互动沟通方式使得定制化生产和定制化传播成为可能,消费者逐渐介入企业的研发、设计、生产、供应、营销、传播、售后等各个环节,进而成为“产消者”,驱动着企业生产和营销的智能化、柔性化和定制化。传统投放在大众媒体上的品牌广告难以做到个性化精准匹配,直到搜索广告诞生才出现了量身定制的计算广告雏形,用户输入关键词就相当于告诉搜索引擎自己需要什么信息,搜索引擎则通过高效算法向用户推送特定广告。谷歌公司开发的 Adsense 技术更进一步通过分析计算用户浏览的网页内容,提供与内容相关的广告。这些尝试都使得广告投放向更精准的程度进化,而当计算广告学将机器学习、大数据、云计算、电子商务等更多的技术叠加在一起之后,当前应用比较广泛的计算广告形式——“推荐系统”获得了快速的发展。天猫、京东、亚马逊等,都能够通过分析自身网站上的海量浏览和购买数据,运用数据挖掘算法和消费偏好比较,发现每一个消费者的潜在需求,预测并推荐他们可能感兴趣的商品信息。未来,随着计算广告技术的深入发展,定制化的广告信息将会根据更丰富全面的用户个人数据,更加精准地匹配每个个体的实际需求。

(二)智能化调整:实时变化的动态策略

在整合营销传播时代,大中型企业每年都会根据企业发展的整体目标制定相应的广告预算,同时制定年度、季度、月度甚至每周的广告营销计划。这些计划中统一规定了较长一段时间内广告传播的媒介形式、文案创意、利益诉求、促销产品、价格方案等,没有特殊情况,基本不会进行调整。这也是整合营销传播曾经最为人称道的核心要义,所有传播媒介和营销渠道在所有时空向所有消费者发出同一个声音。然而,实际上,消费者在不同场景下的消费倾向是有着较大差别的,统一的整合营销传播策略不能满足大数据时代瞬息万变的市场竞争和消费需求,消费者在接触到广告信息前后的实时购买行为倾向是最有效的需求信息,但是用传统的营销策略很难精确捕获这种需求信息并即时将之转化为实际购买行为。在这样的情况下,动态化的计算广告传播策

---

① 赵国栋,易欢欢,糜万军.大数据时代的历史机遇[M].北京:清华大学出版社,2013:257-258.

略成为大数据背景下广告传播的必然选择，它不仅可以获得实时的消费者动态，还能够根据具体消费者的历史数据和当前行为实时调整广告传播策略。理想的计算广告传播策略，应该是针对不同消费者的不同需求或者同一消费者不同时空场景下的不同需求，向他们传播最合适的广告信息。也就是说，在合适的时间、合适的位置、用合适的代言人、以合适的创意方式、凭借合适的价值诉求、传达合适的价格信息给合适的用户。例如，Uber（优步）的智能算法会根据当时、当地的打车需求进行动态定价，并将这一价格信息快速反馈给用户以调节市场供需状态；亚马逊网站上的一个微波炉的价格在一天内会变动 9 次。未来，这种智能化的动态广告营销策略将会借助大数据和云计算的技术手段变得更加普遍。

第二节　数据的来源与采集

一、数据的来源

大数据分析的数据来源有很多种，相应的，对于数据来源的分类方法也有很多种。从数据产生或生成的角度来看，数据的来源可以分为如下几类：

◇ 交易数据。包括 POS 机数据、信用卡刷卡数据、电子商务数据、互联网点击数据、“企业资源规划”（ERP）系统数据、销售系统数据、“客户关系管理”系统数据、公司的生产数据、库存数据、订单数据、供应链数据等。

◇ 移动通信数据。能够上网的智能手机等移动设备越来越普遍。移动通信设备记录的数据量和数据的立体完整度，常常优于各家互联网公司掌握的数据。移动设备上的软件能够追踪和沟通无数事件，从运用软件储存的交易数据（如搜索产品的记录事件）到个人信息资料或状态报告事件（如地点变更即报告一个新的地理编码）等。

◇ 人为数据。包括电子邮件、文档、图片、音频、视频，以及通过微信、博客、推特、维基、脸书、领英等社交媒体产生的数据流。这些数据大多数为非结构性数据,需要用文本分析功能进行分析。

◇ 机器和传感器数据。来自感应器、量表和其他设施的数据以及定位/GPS系统数据等。这包括功能设备会创建或生成的数据,例如智能温度控制器、智能电表、工厂机器和连接互联网的家用电器的数据。来自新兴的物联网(IOT)的数据是机器和传感器所产生的数据的例子之一。来自物联网的数据可以用于构建分析模型、连续监测预测性行为(如当传感器值表示有问题时进行识别)、提供规定的指令(如警示技术人员在真正出问题之前检查设备)等。

从数据新鲜程度来看,我们又可以把数据的来源分为原始数据和二手数据:

◇ 原始数据:原始数据是用户数据库中的数据,或者是终端用户所存储使用的各种数据,是未经过处理或简化的数据,这些数据可能是、也可能不是机器可读形式。它构成了物理存在的数据。原始数据有多种存在形式,如文本数据、图像数据、音频数据或者几种数据混合。

◇ 二手数据:二手数据是相对于原始数据而言的,指那些并非为正在进行的研究而是为其他目的已经收集好的统计资料。与原始数据相比,二手数据具有取得迅速、成本低、易获取、能为进一步原始数据的收集奠定基础等优点。简单地说,就是省事、省钱和省时,所以在可能的情况下研究者总是优先考虑使用二手数据解决问题。

二、数据可以揭示什么

大量的数据来源能够为我们提供丰富的数据,透过这些数据,我们可以了解以下信息:

(一)购物行为

为了了解购物行为,一个良好的起点是确认用户是如何来到一个网站开始购物的。他们用了何种搜索引擎?他们输入了何种特定的搜索关键词?他们用了之前创建的某个浏览书签吗?分析人员利用这些信息来寻找规律。请注意分析人员不仅仅能在一给定的Web会话中调查更高的销售率,而且也能长时间地观察同一用户的行为。这能将网站销售调查情况和跨渠道观测用户在长时间内做出的购买行为的结果合二为一,这也正是体现价值的地方。用户一旦上网就会开始查看所有他们浏览到的产品。要确认谁只是简单地看一下产品首页就离开了?谁又会继续深入地看下去?谁看过附在上面的产品信息图片?谁又看过对产品的评论?谁会详细地查看产品说明?谁又会去看产品配送信息?谁会利用任何其他的由网站所提供的信息?举个例子,通过一个“比较”的查看链接去确认用户会选择哪种产品。最后就能很容易地确认出哪种产品被用户加入了心愿清单(类似于京东网站“我的关注”)或购物车,也能很容易地确认出哪种产品之后被用户从中删除了。

(二)用户购买过程和购买偏好

使用网络数据并通过观察用户是如何在网站上“冲浪”的,分析人员就能确定出用户是如何做出他们的购买决定的。通过他们的购买偏好来获得对他们的了解是可能的。假设有家航空公司,它能基于预订的机票就能看出大量有关用户购买偏好的事情。比如,用户是提前多久才预订机票的?预订了何种价格的舱位?旅程时间是否会跨周末?这全都是有用的信息,但航空公司能从网络数据获得更多的数据。一家航空公司能确定更看重方便性的用户,这种用户的典型特征是只会开始搜索特定时间起飞的和直飞的航班,只有在价格相差巨大的时候,他们才不会去选择最方便的直飞航班;航空公司也能确定那些价格至上、愿意考虑多种航行选择方案以求最优价格的用户,只有在价格差异还算公道但能获取巨大便利的时候才不会去选择最便宜的选择方案。比如,假定某位用户在早上 10 点以 220 美金价格起飞和早上 6 点以 200 美金价格起飞的方案中做选择,对于一位以价格为导向的用户来说,多余的 4 小时睡眠时间比多花 20 美金更值得,所以她会为了这 4 小时睡眠时间而选择稍晚起飞的航班。当把购买交易历史中所获取的历史经验和现有的浏览和搜索规律相结合就能显现出不可估量的价值。当然,为了阐释这样的规律而改变数据分析过程是需要花费时间和精力的。但是,一旦让你知道了网站哪一方面能吸引这些个体用户,那么你就能定位她们,向她们发送消息,从而更加有效地满足她们的需求。

(三)搜索行为

理解用户是如何使用某个网站的搜索内容能让我们对如何与每个用户进行交互产生深刻地了解。你还能得知网站为了促销而增添或不增添价值时，会在哪些方面有所不同。当你查看用户在购买途中所浏览过的那些可选方案时，你就能推断出什么对她们来说是很重要的事情。利用大数据我们可以了解用户的产品搜索规律，这是为了搞清楚网站所提供的信息中有哪些会被用户认为是有价值的，尤其是要搞清楚被那些“最佳”用户认为是有价值的信息。用户在购买产品之前，会多久一次查看产品预览信息、附加的图片信息或技术规格信息？请注意当你追踪这些网络会话中的信息，并把它与其他用户数据相结合的时候，你要能知道人们是否会花一天时间去搜索，然后在另外一天去购买。最终的购买活动往往是简单地执行购买活动，并被高度定位的网络会话。我们需要将历史浏览数据汇总起来构成对用户产品搜索规律的整体印象。或许企业组织正在考虑去除的某一不太被用到的网站特性是关键用户群体中最喜欢的特性，在这种情况下，这一特性应该被保留下来。搞清楚对每位用户来说都是很重要的那些网站特性以及每位用户是如何利用网站来进行搜索的，这能帮助你更好地让网站迎合用户个人的需要。对于那些经常深度“挖掘”产品详细规格的用户来说，或许这些产品规格在他们一查看产品时就能被展现出来；对于那些经常想看产品图片的用户来说，或许产品图片应以全尺寸的格式展现，而不是只是展现缩略图。这是为了让你的用户能更方便地进行搜索，从而让他们在准备搜索产品并购买的时候，来你的而不是你竞争对手的网站。

(四)反馈行为

在用户所能提供的最佳信息中，有一些是关于产品和服务的详细反馈信息。一个简单的事实是用户愿意花时间提供反馈信息来表明他们对某一品牌的热衷程度。通过使用文本挖掘技术来了解用户反馈中所表现出来的语气、意图和主题，你就可以开始对个人用户最看重的东西的印象变得更加好。为什么有一些用户会定期地对他们购买过的产品进行评论？如果这些评论通常都是正面的且可以被其他用户看到，那么给这些用户特殊的奖励来让赞美之词滚滚而至或许是个好主意。相应地，如果你通过和用户在线沟通来研究这些问题和评论，那么你不仅能感觉到一般用户会问什么，而且也能感觉到每位特定的用户会问什么。如果数据分析显示某些特性对一位特定用户来说往往是很重要的，那么就可以把其他具有类似属性的产品显示给用户看。

三、如何收集数据

在了解如何收集大数据之前，首先要了解数据采集的三大要点：

◇ 全面性。数据量足够具有分析价值、数据面足够支撑分析需求。比如对于“查看商品详情”这一行为，需要采集用户触发时的环境信息、会话以及背后的用户 ID，最后需要统计这一行为在某一时段触发的人数、次数、人均次数、活跃比等。

◇ 多维性。数据更重要的是能满足分析需求。灵活、快速自定义数据的多种属性和不同类型，从而满足不同的分析目标。比如“查看商品详情”这一行为，通过埋点，我们才能知道用户查看的商品的价格、类型、商品 ID 等多个属性。从而知道用户看过哪些商品、什么类型的商品被查看得多、某一个商品被查看了多少次，而不仅仅是知道用户进入了商品详情页。

◇ 高效性。高效性包含技术执行的高效性、团队内部成员协同的高效性以及数据分析需求和目标实现的高效性。也就是说，采集数据一定要明确采集目的，带着问题搜集信息，使信息采集更高效、更有针对性。此外，还要考虑数据的及时性。

不同应用领域的大数据的特点、数据量、用户群体均不相同。不同领域根据数据源的物理性质及数据分析的目标采取不同的数据采集方法。那么，接下来我们再来了解一下常用的数据采集的方法。常用的数据采集方法归结为以下三类：传感器、日志文件和网络爬虫。

◇ 传感器。传感器通常用于测量物理变量，一般包括声音、温度、湿度、距离、电流等，将测量值转化为数字信号，传送到数据采集点，让物体有了触觉、味觉和嗅觉等感官，让物体慢慢变得活了起来。

◇ 系统日志采集方法。日志文件数据一般由数据源系统产生，用于记录数据源执行的各种操作活动，比如网络监控的流量管理、金融应用的股票记账和Web服务器记录的用户访问行为。很多互联网企业都有自己的海量数据采集工具，多用于系统日志采集，如Hadoop的Chukwa，Cloudera的Flume，脸书的Scribe等，这些工具均采用分布式架构，能满足每秒数百MB的日志数据采集和传输需求。

◇ Web爬虫。网络爬虫是指为搜索引擎下载并存储网页的程序，它是搜索引擎和Web缓存的主要数据采集方式。通过网络爬虫或网站公开API(应用程序接口)等方式从网站上获取数据信息。该方法可以将非结构化数据从网页中抽取出来，将其存储为统一的本地数据文件，并以结构化的方式存储。它支持图片、音频、视频等文件或附件的采集，附件与正文可以自动关联。

数据采集的过程是通过RFID射频数据、传感器数据、社交网络交互数据及移动互联网数据等方式获得的各种类型的结构化、半结构化(或称之为弱结构化)及非结构化的海量数据的过程，是大数据知识服务模型的根本。重点要突破分布式高速数据爬取或采集、高速数据全映像等大数据收集技术；突破高速数据解析、转换与装载等大数据整合技术；设计质量评估模型，开发数据质量技术。大数据采集一般分为：

◇ 大数据智能感知层：主要包括数据传感体系、网络通信体系、传感适配体系、智能识别体系及软硬件资源接入系统，实现对结构化、半结构化、非结构化的海量数据的智能化识别、定位、跟踪、接入、传输、信号转换、监控、初步处理和管理等。必须着重攻克针对大数据源的智能识别、感知、适配、传输、接入等技术。

◇ 基础支撑层：提供大数据服务平台所需的虚拟服务器，结构化、半结构化及非结构化数据的数据库及物联网络资源等基础支撑环境。重点攻克分布式虚拟存储技术，大数据获取、存储、组织、分析和决策操作的可视化接口技术，大数据的网络传输与压缩技术，以及大数据隐私保护技术等。

此外，对于企业生产经营数据上的客户数据、财务数据等保密性要求较高的数据，可以通过与数据技术服务商合作，使用特定系统接口等相关方式采集数据。比如八度云计算的数企BDSaaS，无论是数据采集技术、BI数据分析，还是数据的安全性和保密性，都做得很好。数据的采集是挖掘数据价值的第一步，当数据量越来越大时，可提取出来的有用数据必然也就更多。只要善用数据化处理平台,便能够保证数据分析结果的有效性,助力企业实现数据驱动。

第三节　数据的挖掘与处理

一、数据处理的基本流程

数据处理的目的是分析问题和解决问题,明确了这一点我们才能够有的放矢地进行数据挖掘。整个数据挖掘的过程,要紧紧围绕上述目的,做好以下几个方面的工作:

◇ 定义问题:清晰地定义出业务问题,确定数据挖掘的目的。

◇ 数据准备:数据准备包括:选择数据—在大型数据库和数据仓库目标中提取数据挖掘的目标数据集;数据预处理—进行数据再加工,包括检查数据的完整性及数据的一致性、去噪声,填补丢失的域,删除无效数据等。

◇ 数据挖掘:根据数据功能的类型和数据的特点选择相应的算法,在净化和转换过的数据集上进行数据挖掘。

◇ 结果分析:对数据挖掘的结果进行解释和评价,转换成为能够最终被用户理解的知识。

具体到大数据的处理方法确实有很多,这里总结了一个普遍适用的大数据处理和挖掘流程,并且这个流程应该能够对大家理顺大数据的处理有所帮助。整个处理流程可以概括为四步,分别是采集、导入和预处理、统计和分析,最后是数据挖掘。

◇ 采集。大数据的采集是指利用多个数据库来接收发自客户端(Web、App 或者传感器形式等)的数据,并且用户可以通过这些数据库来进行简单的查询和处理工作。比如,电商会使用传统的关系型数据库 MySQL 和 Oracle(甲骨文)等来存储每一笔事务数据,除此之外,Redis 和 MongoDB 这样的 NoSQL 数据库也常用于数据的采集。在大数据的采集过程中,其主要特点和挑战是并发数高,因为同时可能会有成千上万的用户来进行访问和操作,比如火车票售票网站和淘宝，它们并发的访问量在峰值时达到上百万，所以需要在采集端部署大量数据库才能支撑。并且如何在这些数据库之间进行负载均衡和分片的确是需要深入的思考和设计。

◇ 导入/预处理。虽然采集端本身会有很多数据库，但是如果要对这些海量数据进行有效的分析，还是应该将这些来自前端的数据导入到一个集中的大型分布式数据库，或者分布式存储集群，并且可以在导入基础上做一些简单的清洗和预处理工作。也有一些用户会在导入时使用来自 Twitter 的 Storm 来对数据进行流式计算，来满足部分业务的实时计算需求。导入与预处理过程的特点和挑战主要是导入的数据量大，每秒钟的导入量经常会达到百兆，甚至千兆级别。

◇ 统计/分析。统计与分析主要利用分布式数据库，或者分布式计算集群来对存储于其内的海量数据进行普通的分析和分类汇总等，以满足大多数常见的分析需求，在这方面，一些实时性需求会用到 EMC（易安信）的 GreenPlum、Oracle 的 Exadata，以及基于 MySQL 的列式存储 Infobright 等，而一些批处理，或者基于半结构化数据的需求可以使用 Hadoop。统计与分析这部分的主要特点和挑战是分析涉及的数据量大，其对系统资源，特别是 I/O 会有极大的占用。

◇ 数据挖掘。与前面统计和分析过程不同的是，数据挖掘一般没有什么预先设定好的主题，主要是在现有数据上面进行基于各种算法的计算，从而起到预测（predict）的效果，实现一些高级别数据分析的需求。比较典型算法有用于聚类的 K-means、用于统计学习的 SVM 和用于分类的 NaiveBayes，主要使用的工具有 Hadoop 的 Mahout 等。该过程的特点和挑战主要是用于挖掘的算法很复杂，并且计算涉及的数据量和计算量都很大，常用数据挖掘算法都以单线程为主。

整个大数据处理的普遍流程至少应该满足这四个方面的步骤，才能算得上是一个比较完整的大数据处理。

二、数据分析的基本技术

众所周知,大数据已经不简简单单是数据大的事实了,而最重要的现实是对大数据进行分析,只有通过分析才能获取很多智能的、深入的、有价值的信息。那么越来越多的应用涉及大数据,而这些大数据的属性,包括数量、速度、多样性等都是呈现了大数据不断增长的复杂性,所以大数据的分析方法在大数据领域就显得尤为重要,可以说是决定最终信息是否有价值的决定性因素。基于如此的认识,大数据分析普遍存在的技术方法有哪些呢?

(一)大数据预处理技术

主要是指完成对已接收数据的辨析、抽取、清洗等操作。

(1)抽取:因获取的数据可能具有多种结构和类型,数据抽取过程可以帮助我们将这些复杂的数据转化为单一的或者便于处理的构型,以达到快速分析处理的目的。

(2)清洗:对于大数据,并不全是有价值的,有些数据并不是我们所关心的内容,而另一些数据则是完全错误的干扰项,因此要对数据通过过滤"去噪"从而提取出有效数据。

(二)大数据存储及管理技术

大数据存储与管理要用存储器把采集到的数据存储起来,建立相应的数据库,并进行管理和调用。重点解决复杂结构化、半结构化和非结构化大数据管理与处理技术。主要解决大数据的可存储、可表示、可处理、可靠性及有效传输等几个关键问题。这就涉及了——

(1)开发新型数据库技术:数据库分为关系型数据库、非关系型数据库以及数据库缓存系统。其中,非关系型数据库主要指的是 NoSQL 数据库,分为:键值数据库、列存数据库、图存数据库以及文档数据库等类型。关系型数据库包含了传统关系数据库系统以及 NewSQL 数据库。

(2)开发大数据安全技术:改进数据销毁、透明加解密、分布式访问控制、数据审计等技术；突破隐私保护和推理控制、数据真伪识别和取证、数据持有完整性验证等技术。

(三)大数据分析及挖掘技术

数据分析和挖掘就是从大量的、不完全的、有噪声的、模糊的、随机的实际应用数据中，提取隐含在其中的、人们事先不知道的、但又是潜在有用的信息和知识的过程。大数据分析技术包括改进已有数据挖掘和机器学习技术；开发数据网络挖掘、特异群组挖掘、图挖掘等新型数据挖掘技术；突破基于对象的数据连接、相似性连接等大数据融合技术；突破用户兴趣分析、网络行为分析、情感语义分析等面向领域的大数据挖掘技术等。数据挖掘涉及的技术方法很多，有多种分类法。根据挖掘任务可分为分类或预测模型发现、数据总结、聚类、关联规则发现、序列模式发现、依赖关系或依赖模型发现、异常和趋势发现等；根据挖掘对象可分为关系数据库、面向对象数据库、空间数据库、时态数据库、文本数据源、多媒体数据库、异质数据库、遗产数据库以及环球网Web；根据挖掘方法分，可粗分为机器学习方法、统计方法、神经网络方法和数据库方法。

机器学习中，可细分为归纳学习方法(决策树、规则归纳等)、基于范例学习、遗传算法等；统计方法中，可细分为回归分析(多元回归、自回归等)、判别分析(贝叶斯判别、费歇尔判别、非参数判别等)、聚类分析(系统聚类、动态聚类等)、探索性分析(主元分析法、相关分析法等)等；神经网络方法中，可细分为前向神经网络(BP算法等)、自组织神经网络(自组织特征映射、竞争学习等)等；数据库方法主要是多维数据分析或OLAP(联机分析处理)方法，另外还有面向属性的归纳方法。感兴趣的同学可以自行学习这些方法和工具，这里不过多赘述。

数据挖掘主要过程是：根据分析挖掘目标，从数据库中把数据提取出来，然后经过ETL(数据仓库技术)组织成适合分析挖掘算法使用的宽表，然后利用数据挖掘软件进行挖掘。传统的数据挖掘软件，一般只能支持在单机上进行小规模数据处理，受此限制，传统数据分析挖掘一般会采用抽样方式来减少数据分析规模。数据挖掘的计算复杂度和灵活度远远超过前两类需求。一是由于数据挖掘问题开放性，导致数据挖掘会涉及大量衍生变量计算，衍生变量多变导致数据预处理计算更加复杂；二是很多数据挖掘算法本身就比较复杂，计算量就很大，特别是大量机器学习算法，都是迭代计算，需要通过多次迭代来求最优解，例如 K－means 聚类算法、PageRank（网页排名）算法等。

从挖掘任务和挖掘方法的角度，着重突破：

第一，可视化分析。数据可视化无论对于普通用户或是数据分析专家，都是最基本的功能。数据图像化可以让数据自己说话，让用户直观地感受到结果。

第二，数据挖掘算法。图像化是将机器语言翻译给人看，而数据挖掘就是机器的母语。分割、集群、孤立点分析还有各种各样五花八门的算法让我们精炼数据，挖掘价值。这些算法一定要能够应付大数据的量，同时还具有很高的处理速度。

第三，预测性分析。预测性分析可以让分析师根据图像化分析和数据挖掘的结果做出一些前瞻性判断。

第四，语义引擎。语义引擎需要设计到有足够的人工智能足以从数据中主动地提取信息。语言处理技术包括机器翻译、情感分析、舆情分析、智能输入、问答系统等。

第五，数据质量和数据管理。数据质量与管理是管理的最佳实践，透过标准化流程和机器对数据进行处理可以确保获得一个预设质量的分析结果。

第六章

用户画像与精准定向

第一节　用户画像

一、概念

用户画像又称用户角色，作为一种勾画目标用户、联系用户诉求与设计方向的有效工具，用户画像在各领域得到了广泛的应用。用户画像最初是在电商领域得到应用的，在大数据时代背景下，用户信息充斥在网络中，将用户的每个具体信息抽象成标签，利用这些标签将用户形象具体化，从而为用户提供有针对性的服务。

从中文概念来讲，用户画像与用户角色非常相近，是用来勾画用户（用户背景、特征、性格标签、行为场景等）和联系用户需求与产品设计的。

简单来讲，就是想要从海量用户行为数据中炼银挖金。它根据用户在互联网留下的种种数据，主动或被动地收集，然后尽可能全面细致地抽出一个用户的信息全貌，从而帮助解决如何把数据转化为商业价值的问题。比如：猜用户是男是女，哪里人，工资多少，有没有谈恋爱，喜欢什么，准备剁手购物吗？

而从英文概念角度，用户画像（User Portrait）、用户角色（User Role）、用户属性

(User Profile)这三个概念其实都是各有侧重和容易混淆的。用户角色更倾向于业务系统中不同用户的角色区分。例如:学校教务管理系统里,老师审核、设置课程,学生查看选课和成绩,那么老师、学生就是不同的用户角色;用户画像更倾向于对同一类用户进行不同维度的刻画,例如:对同一个电商的买家进行用户画像设计,就是将买家进一步细分和具象,如闲逛型用户、收藏型用户、比价型用户、购买型用户等;用户属性则更倾向于对属性层面的刻画和描述,特别是基本属性的内涵居多,包括性别、年龄、地域等。根据以上的讲解,我们就知道,用户画像等同于用户角色,统一称为中文概念的用户画像,而用户属性则是用户画像的子集。

二、用户画像的类型

(一)根据用户画像概念发展的不同阶段划分

从用户画像这一概念发展的不同阶段来看,我们倾向于把早期的用户画像称为虚拟用户画像,把近年来基于大数据的用户画像称为数据用户画像:

1. 虚拟用户画像

早期的用户画像和上面的描述有所不同,它是通过对用户多方面信息的调研和了解,将多种信息分类聚合,产出几个有典型特征和气质的虚拟用户。此种用户画像没有数据的参与构建,自然粒度也就比较粗,只是用虚拟的用户画像代表真实的用户。比如,用户画像会用如图 6-1 的文档描述。但画虎画皮难画骨,知人知面不知心。通过"虚拟用户画像"我们可以定义用户的性别、年龄等这些表面的基本特征,若想要深入了解核心层面的东西,非数据用户画像不可。

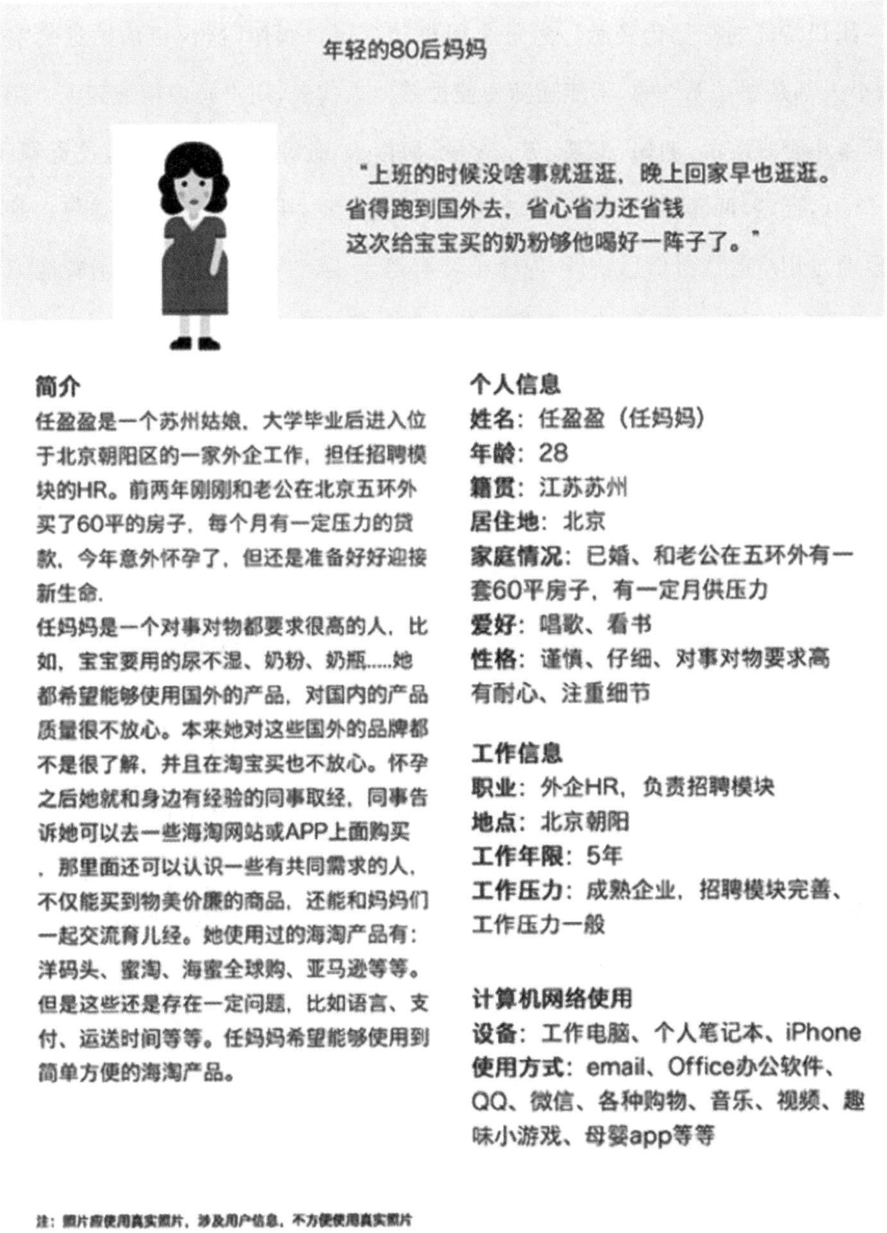

图 6-1　虚拟用户画像示例

2. 数据用户画像

随着互联网的不断发展，积累的用户信息、行为记录越来越丰富，同时大数据处理和分析技术也已成熟，可以计算出每一个用户的特征。这种特征是从人口基本属性、社会属性、生活习惯、消费行为等信息抽象出来的一个个具体的标签(如图 6-2),标签是某一用户特征的符号化表示。为每个用户计算用户画像,这样更加贴近真实的世界,每个人都是独一无二的,不能随随便便被其他人代表,用户画像精准到人。用户画像用标签集合来表示,例如:王某,男,33 岁,河南人,北京工作,银行业,投资顾问,年收入 50 万,已婚,两套房,有孩子,喜欢社交,不爱运动,喝白酒,消费力强等。基础信息可以通过用户的注册信息获得,但像是否有孩子、喜欢社交、喝白酒、消费能力等级等,用户不会告诉我们,需要建立数据模型才能计算出来。

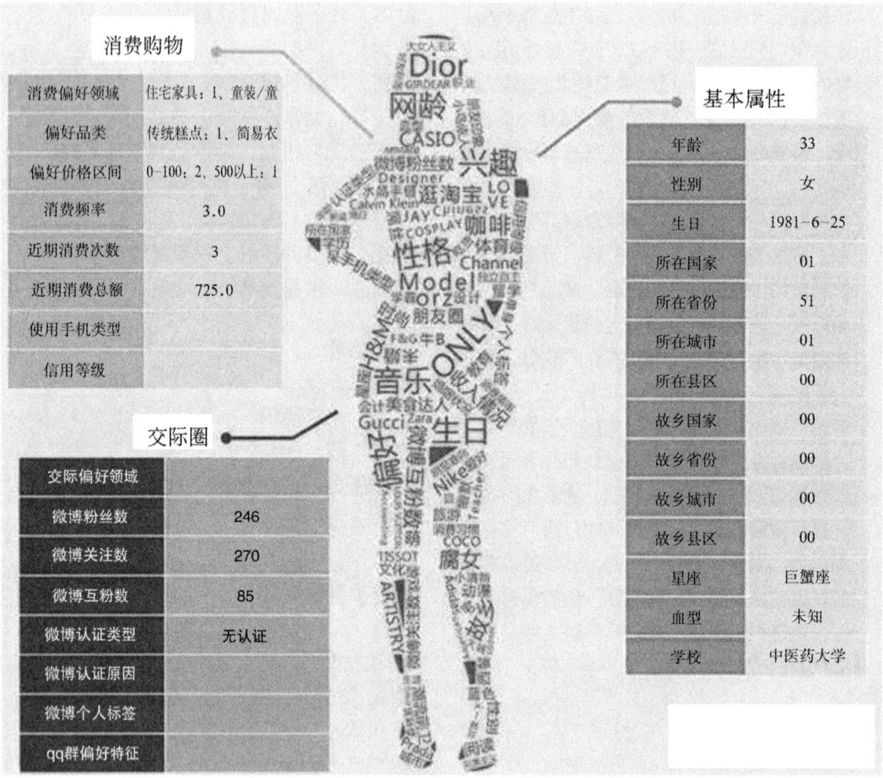

图 6-2 数据用户画像标签

(二)根据应用目的和构成角度划分

而从应用目的和构成的角度来说,也有人把用户画像分为角色画像(User Persona)和行为画像(User Action),这两个是有所区别的。对于角色画像来说,一般是通过用户访谈或了解到用户信息后,进行人为地归纳分析。而行为画像是根据用户在产品上的使用行为，进行分析预测。两者本质上还是有所不同的，最大的区别就是角色画像是客观真实存在的，而行为画像是通过行为分析预测的。对于行为预测来说，画像是可能根据用户行为变化而变化的，即便是性别属性。从应用角度来说也有所不同，角色画像更偏向于产品定位和分析，而行为画像更着重于数据应用。但并不是说两种画像是完全分开独立的，某种程度来说是相互结合、相辅相成的。比如：基本属性（性别、地址等）是客观存在的，偏好属性（喜好、兴趣）是预测的，当然也不是绝对的，像上文说的性别也是会通过行为预测的。

角色画像和行为画像的着重点也不相同，角色画像一般是应用在产品或功能雏形阶段，对产品或功能的前期调研、路标规划和目标人群的确定等起到了较大作用。而行为画像是产品或功能上线后，对真实用户使用行为的画像，并通过对用户行为的分析观测来改进功能，也是体现数据能力及数据应用价值的地方。

1. 角色画像

一般会根据调研、用户填写真实信息（如征信报告，当然私自获取他人征信属于违法行为）的方式，获取用户真实属性用于画像分析，基于收集到此人群信息中的主要特征进行画像。比如：男，30—40 岁，有一套 60 平方米左右的房，有豪华型轿车，中产阶级，有二胎，喜欢打高尔夫等。这并不代表整个群体中都是男性，而可能 90%都是男性。角色画像的刻画也有好多种方法，如标签法、概率统计法等，因此可以结合自身应用选择适合的方式。

2. 行为画像

与上面收集信息分析的方式不同，主要是通过用户在使用产品的过程中留下的行为记录推测出用户属性及偏好。比如：通过用户经常访问体育资讯、电子产品信息，喜欢听 DJ、重金属音乐等，推测出此用户为男性，后来又通过他会经常访问母婴类商品信息，推测可能有孩子。这些过程一般都是通过机器学习的方式进行预测，而不是直观地像角色画像那样分析概况。

三、用户画像的作用

在互联网的早期，用户画像就是记录一些用户的基本信息，多数都是用户自己输人的静态数据。因为数据量和技术的限制，也没有那么多高大上的用法。大数据处理，离不开计算机的运算，标签(用户画像)提供了一种便捷的方式，使得计算机能够程序化处理与人相关的信息，甚至通过算法、模型能够“理解”人。当计算机具备这样的能力后，无论是搜索引擎、推荐引擎、广告投放等各种应用领域，都将能进一步提升精准度，提高信息获取的效率。

(一)数据分析

数据量大了之后，对于平台来说，如何有效地定义用户、高效地对用户进行描述就成了一个问题。然后大家发现，打标签是最有效的方式，打标签的重要目的之一是让人能够理解并且方便计算机处理，如，可以做分类统计：来自一、二、三线城市的用户分别有多少？喜欢篮球的有多少？单身的有多少？有了这些标签，就可以做一些基本的数据分析了。

(二)产品定位

设计商业项目或者新产品之前，我们都会对用户和市场做一个系统的分析。我们的产品/服务面向的用户是哪一个群体？年龄范围是什么？有无性别区分？收入水平是什么样的？对我们产品涉及领域的消费观念是怎样的？前期不论是粗犷的定位还是精细化的调研，其实都是在手动地做打标签、建立用户画像的动作。

(三)精准推广/用户拉新

通过打标签这种形式，能够让平台对用户有基本的了解，知道哪部分人是自己的主流用户。比如技能学习平台，主流用户是大学高年级学生以及初入职场的年轻人；比如运动内容平台的主流用户可能是16—30岁之间，一、二线城市的男性……有了这些用户画像之后，平台可以精准地寻找渠道，使广告效益最大化。

(四)个性化服务

用户产生的数据越来越多，平台提供的内容、服务也越来越多，如何针对不同用户提供不同的内容，降低用户筛选内容、服务的成本？这就是做数据挖掘工作：喜欢运动的男性通常会购买哪些商品？经常关注数码产品的人可以推荐哪些内容？A用户和B用户的标签非常相似，A购买的哪些商品是可以推荐给B的？这就有点我们经常说的精细化运营和推荐系统的味道了。

四、用户画像的步骤

下面这10个步骤涵盖了从最初的数据收集，到分析使用，再到画像持续开发的整个过程。这10个步骤是一个理想的过程，但有时在项目中并不可能包含所有步骤。它主要分为四个部分：

◇ 数据收集与分析（步骤1、2）

◇ 画像角色描述（步骤4、5）

◇ 问题分析和思想开发的场景（步骤6、9）

◇ 被认可的设计团队的参与（步骤3、7、8、10）

步骤1——收集数据：收集尽可能多的用户信息。对目标用户组中的实际用户进行高质量的用户研究。在设计思维中，研究阶段是第一阶段，也称为共情阶段。

步骤2——形成假设：根据我们最初的研究，对项目重点区域内的各种用户形成一个大致的概念，包括用户之间的不同之处。

步骤3——接受假设：判断用户之间的差异假设是否成立。

步骤4——建立数据：我们需要决定最终创建的用户画像数量，通常我们希望为每个产品或服务创建很多个角色，但是在初始阶段，只选择一个画像作为主要关注点为佳。

步骤5——描述画像：与画像打交道的目的是能够根据用户的需求和目标开发解决方案、产品和服务。一定要以这样的思路对画像进行描述，以便用足够的理解力和同理心来理解用户。描述画像应该包括关于用户的教育、生活方式、兴趣、价值观、目标、需求、限制、欲望、态度和行为模式的详细信息。添加一些虚构的个人细节，使画像成为现实的人物角色。给每个画像起名字。为每个画像创建1—2页的描述。

步骤6——准备场景：角色吸引型画像的目的是创建描述解决方案的场景。为此，我们应该描述一些可能触发使用我们正在设计的产品或服务的情况。换句话说，我们可以通过创建以用户画像为特征的场景来赋予每个画像生命。

步骤 7——获得认可：该画像方法的目标是让项目参与者参与其中，这是贯穿这 10 个步骤的共同主线。让尽可能多的团队成员参与到用户画像的开发，并且获得各个步骤参与者的认可。为了达到这个目的，我们可以选择两种策略：询问参与者的意见，或者让他们积极参与到这个过程中。

步骤 8——传播知识：为了让团队成员一同参与，需要把画像描述的方法传播给所有人。重要的是尽早决定“如何向那些没有直接参与此过程的人、未来的新员工、可能的外部合作伙伴传播这些知识”。知识的传播还包括如何让项目参与者访问底层数据。

步骤 9——融入故事：画像本身没有价值，直到画像成为场景的一部分，当画像开始在产品故事中发挥作用，它才真正开始拥有价值。

步骤 10——迭代调整：最后一步是描述用户的未来生活。你需要定期修改关于画像的描述，比如重写现有的画像、添加新画像或者删除过时的画像。

五、基于大数据的用户画像

（一）数据收集

数据收集大致分为网络行为数据、服务内行为数据、用户内容偏好数据、用户交易数据这四类。

第一，网络行为数据：活跃人数、页面浏览量、访问时长、激活率、外部触点、社交数据等；

第二，服务内行为数据：浏览路径、页面停留时间、访问深度、唯一页面浏览次数等；

第三，用户内容偏好数据：浏览/收藏内容、评论内容、互动内容、生活形态偏好、品牌偏好等；

第四，用户交易数据（交易类服务）：贡献率、客单价、连带率、回头率、流失率等。

当然，收集到的数据不会是 100% 准确，都具有不确定性，这就需要在后面的阶段通过建模来再判断，比如某用户在性别一栏填“男”，但通过其行为偏好判断其性别为“女”的概率为 80%。还得一提的是，储存用户行为数据时最好同时储存发生该行为的场景，以便更好地进行数据分析。

（二）行为建模

该阶段是对上阶段收集到的数据的处理，进行行为建模，以抽象出用户的标签，这个阶段注重的应是大概率事件，通过数学算法模型尽可能地排除用户的偶然行为。这时也要用到机器学习，对用户的行为、偏好进行猜测，好比一个 $y=kx+b$ 的算法，x 代表已知信息，y 是用户偏好，通过不断地精确 k 和 b 来精确 y。在这个阶段，需要用到很多模型来给用户贴标签，比如：

第一，用户汽车模型：根据用户对“汽车”话题的关注或购买相关产品的情况来判断用户是否有车、是否准备买车；

第二，用户忠诚度模型：通过“判断＋聚类算法”来判断用户的忠诚度；

第三，身高体型模型：根据用户购买的服装、鞋、帽等用品判断用户的身高体型；

第四，文艺青年模型：根据用户发言、评论等行为判断用户是否为文艺青年；

第五，用户价值模型：判断用户对于网站的价值，对于提高用户留存率非常有用［电商网站一般使用 RFM（一种用户行为分析模型）实现］。

此外，还有消费能力、违约概率、流失概率等诸多模型。

（三）用户画像基本成型

该阶段可以说是第二阶段的一个深入，要把用户的基本属性（年龄、性别、地域）、购买能力、行为特征、兴趣爱好、心理特征、社交网络等标签化。为什么说是基本成型？因为用户画像永远也无法 100% 地描述一个人，只能做到不断地去逼近一个人，因此，用户画像既应根据变化的基础数据不断修正，又要根据已知数据来抽象出新的标签使用户画像越来越立体。关于“标签化”，一般采用多级标签、多级分类。比如第一级标签是基本信息（姓名、性别），第二级是消费习惯、用户行为；第一级分类有人口属性，人口属性又有基本信息、地理位置等二级分类，地理位置又分工作地址和家庭地址等三级分类。

(四)数据可视化分析

数据模型的可视化(如图 6-3)是把用户画像真正利用起来的一步,在此步骤中一般是针对群体的分析,比如可以根据用户价值来细分出核心用户、评估某一群体的潜在价值空间,以作出针对性的运营。

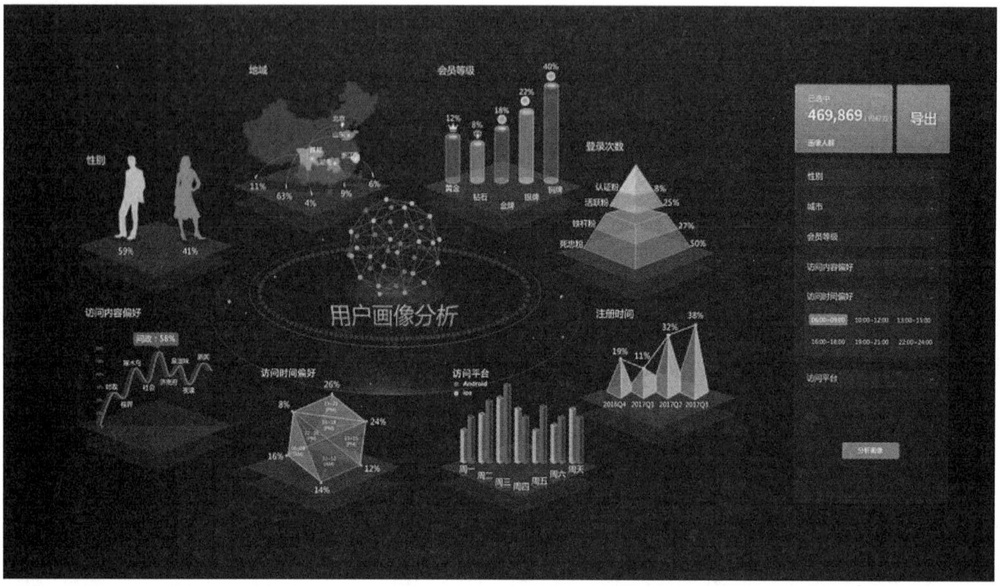

图 6-3　数据用户画像的可视化

第二节　精准定向

一、概念

定向广告实际上是根据受众的特点而有针对性地向他们进行投放的某种广告,即广告的显示是根据访问者来决定的,先进的广告管理系统能够提供多种多样的定向方式。定向传播可以按访问者的行业、地理区域、职务等选择不同的广告出现,根据一天或一周中不同的时间选择不同性质厂商的广告，根据用户所使用的操作系统或浏览器版本选择不同广告格式，等等。可以精确定位广告受众，提高广告效果，根据用户偏好对其投放感兴趣的广告。总之，定向广告是指网络服务商利用网络追踪技术（如Cookie）搜集整理用户信息，按年龄、性别、职业、爱好、收入、地域分类储存用户的IP地址。然后利用网络广告配送技术，向不同类别的用户发送内容不同的广告。

行为定向广告是网络广告发展的最新趋势，广告发布商利用技术手段可以得到用户当前浏览的页面信息主题，根据用户连续的浏览行为来分析用户本身的信息，然后通过后台的内容匹配设定将广告展示在页面上，这种定向在某些条件下更贴合用户的兴趣，符合精准营销的思想。行为定向广告充分利用和发挥网络的强大追踪能力和营销潜力，对技术的要求较高，需要广告服务商具有强大的数据分析和数据挖掘能力。行为定向广告不是关注网站而是关注人，通过系统判断并锁定用户属性，比如用户性别、年龄段、收入阶层、行业、所在区域、用户喜好、广告倾向等，能够根据用户行为数据向用户展示网络广告。无论这个用户访问哪一个网站，都可以让他/她看到同样一则广告，这种有针对性的二次、三次甚至多次曝光，大大提高广告对目标人群的影响效果。

audience targeting 即基于数据的人群定向技术。这种技术是通过对用户行为数据的分析，找出潜在目标客群的共同行为特征，选择适当的媒体将广告投放给具有共同行为特征的受众。节省广告成本，提高广告效果。audience targeting 是 RTB 模式下 DSP 核心特征之一。DSP 在互联网展示广告的高速发展创新中扮演了极其重要的角色，它可以使互联网展示广告市场更加透明、高效和可控，非常符合未来网络广告发展的趋势。

二、受众定向的方法

我们先来看看市面上比较流行的定向方式，按照其有效性和在广告信息接收过程中起作用的阶段，我们将这些定向方式粗略地定性评估为图 6-4。

其中水平方向表示的是定向技术在广告信息接收过程中大致起作用的阶段，而垂直方向为定性的效果评估。接下来我们依次来对刘鹏和王超在《计算广告》一书中提

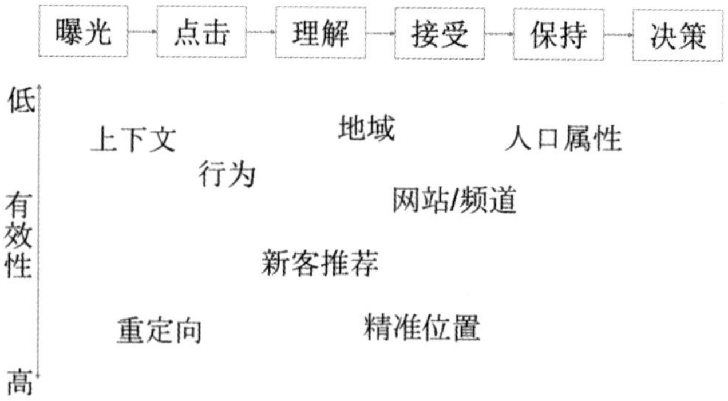

图 6-4 受众定向的定性评估

到的下面几种定向方法进行详细说明：

(一)地域定向(geo－targeting)

这是一种很早就被广泛使用的定向方式。由于很多广告主的业务有区域特性，地域定向的作用相当重要，也是所有在线广告系统都必须支持的定向方式。地域定向也可以认为是一种上下文定向，不过其计算简单，仅仅需要简单的查表就可以完成。

(二)人口属性定向(demographical targeting)

人口属性定向虽然在效果上未必特别突出，但是由于在传统广告的话语体系中大量使用这类标签来表达受众，因此它特别为品牌广告主熟悉。人口属性的主要标签包括年龄、性别、教育程度、收入水平等，需要特别说明的是，除非有特别的专门数据来源，如实名制 SNS(社交网络服务)的注册信息或在线购物的消费记录等，一般情况下要进行准确的人口属性定向并不容易。在人口属性数据覆盖率不足的情况下，如果要按照这种定向进行 CPM 售卖，我们可以用已知人口属性的用户作为训练集，构造分类器对人口属性进行自动标注。一般来说，采用分类器的方法确定人口属性准确程度有限。在单纯效果类的广告活动中，预测人口属性的必要性不太高，因为预测出来的人口属性也是根据用户其他行为特征得到的，并不能提供额外的信息量。

(三)频道定向(channel targeting)

频道定向是完全按照供应方的内容分类体系将库存按照频道划分,对各频道的流量投送不同的广告。这种定向方式比较适用于那些离转化需求比较近的垂直类媒体,如汽车、母婴、购物导航等。对于内容覆盖面比较宽的媒体,这种方式取得的效果是有限的。举一个极端的例子,如果我们把某网站的军事频道作为一个定向标签,那么很难找到直接匹配的广告需求。

(四)上下文定向(contextual targeting)

根据网页的具体内容来匹配相关的广告,这就是上下文定向。上下文定向的粒度可以是关键词、主题,也可以是根据广告主需求确定的分类。上下文定向的效果在不同类别的内容上有很大的区别,但是这种方式有一个非常大的好处,那就是覆盖率比较高。对大多数广告展示,不论对当前访问用户的信息了解有多少,往往都可以根据当前浏览的页面推测用户的实时兴趣,从而推送相关广告。

(五)行为定向(behaviorial targeting)

行为定向是展示广告中非常重要的一种定向方式,其框架是根据用户的历史访问行为了解用户兴趣,从而投送相关广告。行为定向之所以重要是因为它提供了一种一般性的思路,使得在互联网上收集到的用户行为数据可以产生变现的价值。因此,行为定向的框架、算法和评价指标也就奠定了在线广告数据驱动的本质特征,并催生了相关的数据加工和交易的衍生业务。如果把上下文定向看成是根据用户单次访问行为的定向,那么行为定向可以认为是一系列上下文定向的融合结果。因此,上下文定向是行为定向的基础,而且对各种类型的上下文定向都可以有相对应的行为定向方式。例如,地域定向是根据用户当前访问的 IP 来确定地理区域,相应地,也可以根据用户过去一段时间内的访问中最频繁的地理位置来定向,这种方式实际上得到的更接近于用户的经常居住地,业界有人称其为“where on earth”定向。

(六)精确位置定向(hyper－local targeting)

在移动设备上投放广告时,我们有可能获得非常精准的地理位置。例如,利用蜂窝信息或者 GPS,地理定位的精度完全可以达到街区的粒度,如果进一步利用 Wi-Fi(无线局域网技术)、Bluetooth(蓝牙)等设备的室内定位技术,精度可以进一步达到数米级。这就使得基于精确地理位置的广告成为可能,也使得大量区域性非常强的小广告主(如餐饮、美容等)有机会投放精准定位的广告,这已经与传统意义上的地域定向有了质的变化,也成为移动广告最重要的机会之一。

(七)重定向(retargeting)

这是一种最简单的定制化标签,其原理是对某个广告主过去一段时间的访客投放广告以提升效果。显然,某个广告主的访客是其独有的信息,因此这属于定制化标签。重定向被公认为精准程度最高、效果最突出的定向方式,不过其人群覆盖量往往较小。这是因为,重定向的覆盖投放量是由广告主固有用户的量和与媒体的重合比例共同决定的。

(八)新客推荐定向(look－alike targeting)

由于重定向的量太小,而且无法满足广告主接触潜在用户的需求,因此不能仅仅依靠它来投送广告。新客推荐定向的思路是根据广告主提供的种子访客信息,结合广告平台更丰富的数据,为广告主找到行为上相似的潜在客户。这一方法的目的是希望在同等用户覆盖比率的情况下,达到比一些通用的兴趣标签更好的效果,这也从实质上体现了广告主数据的核心价值。

(九)团购(group－purchase)

这并不是一种定向广告技术,却与其有一定的关联,因此我们在这里一并说明。根据我们的观点,团购也是一种变相的广告形式,这种广告有两个显著的特点:首先是一般都针对区域性的广告主,因此地域定向或者直接按照地域分类组织是必要的功能;另外,团购主要是利用价格工具,直接降低用户在决策阶段的门槛,使得价格敏感的用户转化效果有明显的提升，当然，这一手段也是要付出成本的。用类似的手段在创意上直接显示打折或降价的促销信息也被其他的电商类广告广泛使用，比如现在京东、淘宝的拼团，以及拼多多等电商平台。

相信看了上面的介绍之后各位同学应该对精准定向有了初步的了解，在互联网广告投放中，精准人群定向方式有很多，其中各有利弊，但是最终要采用哪种定向方式还是取决于平台所拥有的技术与数据资源，基于数据本身进行深入挖掘，并找到对广告投放有意义的信号，才是精准受众定向的重点。

三、腾讯与脸书的定向广告

(一)腾讯的三大广告定向能力

现在很多广告投放系统都具备了这种进行定向投放的能力。以腾讯社交广告为例，其官方页面显示："腾讯社交广告的三大广告定向能力，帮您在 90%的中国网民中，轻松瞄准潜在目标用户。"

1. 基础用户定向能力

腾讯社交数据可以提供超过 200 多种特征和行为标签，广告主可以自由选择、组合这些特征和行为，精准刻画和锁定广告主的目标用户进行广告投放。

(1)地理位置：根据用户所处商圈、地标、国内省市、国外地区等位置进行定向。

(2)基本信息：根据年龄、性别、上网场景(公共场所、家庭、公司、学校)等信息进行定向。

(3)用户状态：根据学历、婚恋、生活状态、商业兴趣(旅游、汽车、金融...)等状态定向。

(4)用户行为：根据上网设备、App 行为(活跃、消费……)、付费用户、应用安装等条件定向。

(5)消费能力：根据消费水平、居住社区价格、游戏内付费水平等进行定向。

(6)天气定向：根据穿衣指数、紫外线指数、温度、天气天候(阴晴、雷雨、沙尘……)

等数据进行定向。

(7)移动定向：根据设备价格、操作方式(iOS、Android)、互联方式(Wi-Fi、3G、4G)、运营商等定向。

(8)自定义用户：根据自身需求定制投放目标，将广告投放到指定受众眼前，或将他们排除在外。

2. 垂直行业定向

将腾讯社交数据与垂直行业的广告投放需求结合，针对重点行业进行深度定向标签挖掘，为广告主提供贴合行业用户特性的定制化标签，提升广告效果。(目前仅对部分客户开放)

3. 相似人群拓展功能

基于种子用户画像和社交关系链，从特定种子用户出发，根据种子用户的行为特征匹配出最为相似的同类消费人群，再根据实际需求，筛选－识别－拓展更多相似用户，进一步引发更大客户量级的倍增。

(二)脸书的三类受众定向

再来看看国外的互联网公司。脸书受众定位的重要性无须赘言。电商广告里，大家的素材差异不太大，那么对效果起决定性作用的就是——受众定位。脸书受众定位分三大类：自定义受众、核心受众和类似受众。

1. 自定义受众定向

自己有客户的数据，比如邮箱、电话，但大部分商家是没有数据的，所以主要讲下面两种受众。如果要用自定义受众，记得一定要用比较新鲜的数据，数据太老的话，效果也不好。

2. 核心受众定向

大家都知道每个 DSP 平台选定向(兴趣、人口统计、行为)都差不多。大体上来说，选择行为和人口统计维度会比兴趣要精准，人口统计包含的内容很多，家庭年收入、学历、工作、生活事件(搬家之类的)、政治倾向、感情状况、孩子年龄等都在里面；行为维度则包含消费习惯、信用卡使用习惯、线上消费行为等。兴趣为什么不准呢，因为你点个赞就能被认为有兴趣，所以如果你选几个兴趣词，可能发现他们的人群是一样的，比如HM和线上购物，人群重合度就会很高，定向的意义就不大了。脸书上面能够作为定向维度的几个方向供大家参考一下：网站、Page、杂志/订阅、商店、电视节目/活动等。另外可以使用高价值人群，比如家庭年收入高的、百货商店消费客户、白金信用卡用户等，以及近期有朋友生日的人群。有一些定向只有美国受众才能选，脸书收集到的美国受众的信息是最全的，所以美国受众的定向会比其他国家更精准。

3. 类似受众定向

这才是重头戏，一般来说类似受众表现是非常好的，自定义受众的表现需要测出来，类似受众的表现通常都好。但关键在于用什么数据源来做类似受众，种子不行的话，自然效果不好。按照相关性和获取难易度划分一下种子：互动 < 查看内容 < 加购 < 添加付款方式 < 购买。一开始很难直接获取到购买受众，那么可以用较为简单的互动或者查看内容受众，后面积累数据多了就可以开始用购买受众作为种子了，映射出来的类似受众人群将会是价值最高的。种子大小为1,000—50,000，必须至少包含单个国家/地区的100名用户。类似受众创建好之后，需要等几个小时才能生效。另外，脸书系统每隔3—7天就会更新类似受众人群包，所以不用手动更新受众。如果你创建了一个受众包，表现不错，那可以长期投下去，因为受众会不断更新。一般来说类似受众创建好之后，是不需要再另外加层级的，但是如果你觉得人太多，也可以自己再加其他的限制，甚至可以自己把类似受众再细分几个不同的小组来进行投放。还有就是，不要用老数据做类似受众，如果数据还可以，可以用最近30天的受众来做种子，如果是最近180天的数据，可能就有点过时了。越新鲜的数据，表现越好。利用好类似受众，转化效果不会差。

四、定向广告与数据保护

2019年初，谷歌被法国监管机构罚款5,000万欧元（约5,700万美元），其罚款原因是因为没有向用户正确披露数据是如何被收集并用于定向广告的。这次巨额罚款的根据是2018年新生效的《通用数据保护条例》（GDPR），大部分人认为，欧盟的

GDPR可以促使欧洲人更好地控制自己的信息。法国国家数据保护委员会表示，发现谷歌没有在同一个地方提供有关数据处理目的和数据存储器的信息，有时还要求用户进行五六次的重复点击才可获得信息。法国国家数据保护委员会还表示其公司对于数据安全的描述过于笼统和模糊，没有向公众和政府通过清晰和全面的方式提供信息，且谷歌个性化定向广告的推出也未获得有效用户的同意。

脸书全球营销解决方案副总裁 Carolyn Everson 在参加2019年戛纳创意节期间，向外界表达了对目前广告营销行业的看法。她表示，“投放广告，这些年不断强调精准投放，但是，其实能触达更多的人跟精准投放一样重要！”随着脸书越来越重视保护信息安全，Carolyn Everson 在戛纳接受记者采访时向广告商传达了一个信号：在营销活动中，应适当减少定向广告的使用。除此之外，脸书也分享了其他关于营销相关的观点。比如，脸书旗下 Stories 是一款分享用户拍摄的短视频的网络平台，用户可以在短视频中叠加投票、涂鸦、效果、表情包等功能。随着一系列数据安全隐患被曝出，脸书逐步推出了新的隐私保护措施。2019年3月，脸书首席执行官马克扎克伯格（Mark Zuckerberg）讲述了脸书保护隐私的具体措施和长远计划，其中就包括旗下 App：Messenger 和 WhatsApp。凡事难两全，在脸书加强信息安全及个人隐私信息保护的同时，广告商向脸书表达了自己的担忧，如果脸书使用信息加密技术，这可能会抑制其锁定目标客户的能力，从而降低广告转化率。对此，Everson 表示，广告商可以根据一手数据（如电子邮件）来定制受众目标和广告投放策略。她分享：“我们想对广告商说，我们的平台有很多营销方式，新战略方案的实施，不能代表我们会取消精准定投。”脸书此次戛纳之行可以用“保护信息”作为公司的核心词，对此，脸书呼吁广告商在营销方面应适当减少精准广告的投放，把重点关注在其更为广阔的流量价值上。

随着欧盟 GDPR 的实施和国内《数据安全管理办法》被提上议事日程，广告的定向投放和用户的数据安全之间的灰色地带越来越受到关注。本书也单独设置了一章来探讨这些问题，此处不赘述。

第七章

计算广告技术与算法

第一节 搜索引擎广告

一、概念

搜索引擎广告(SEA)是指广告主根据自己的产品或服务的内容、特点等,确定相关的关键词,撰写广告内容并自主定价投放的广告。当用户搜索到广告主投放的关键词时,相应的广告就会展示(关键词有多个用户购买时,根据竞价排名原则展示),并在用户点击后按照广告主对该关键词的出价收费,无点击不收费。

搜索,几乎是每个人都熟悉的行为和工具。对于做搜索推广的人员来说,无论SEM还是SEO(搜索引擎优化),讲究的都是对搜索词的覆盖与命中。很多竞价创意也是简单粗暴、堆砌卖点、夸张效果、突出优惠。为什么会这样呢?因为搜索的场景,是一个提供答案场景。"百度一下,你就知道"——这句Slogan恰好解释了搜索的场景。有事情不知道,有问题要解决,才去搜索。搜索的目的是什么?为了知道,为了答案。一个个不同的搜索词背后,是网民不同的需求。一个个不同的网页,就是不同网站提供的答案。所以搜索的场景,是提供答案的场景,而且是当下就想要的答案。我想知道机票价格，你就告诉我价格；我想学英语，你就给我英语培训；我想租房，你就提供租房信息……而堆砌卖点的目的，是为了覆盖相同搜索词背后不同的搜索需求。所以粗暴堆砌、直截了当提供答案的竞价创意，点击率、质量度和最终效果都会比较好。提供答案，满足客户当下的需求，这是搜索。

二、特征

第一，主动搜索。由于消费者接收信息习惯的改变和网民使用搜索引擎的规模不断扩大，给了搜索营销新的发展空间，更多的应用形式也正在被一一开发。网民获取信息的途径正在改变，过去二十年，搜索引擎的增长率非常高。而消费者行为同样在发生改变，越来越多的消费者习惯在做出购买决定前先进行搜索。网络搜索已成为网民获得各种各样信息的首选方式，搜索引擎的营销价值也从IT、汽车、房产等领域逐步向日用消费品等领域扩张。

第二，定位精准。搜索引擎具有先天的营销优势，与传统媒体被动推送信息不同，在搜索引擎上，消费者在主动寻找感兴趣的产品和信息。他的搜索行为本身就表明了对产品的兴趣，因此营销效果就更加精准，而精准无疑是所有广告主最关注的。越来越多的广告主已经不只是希望能找到精准的目标受众和目标消费者，而是希望能让潜在客户自己轻松找上门。企业营销管理也已经进入了精准营销时代，企业比任何时候都需要与目标消费群体进行精准沟通。搜索营销就是让目标客户主动找上门，给他们所需要的信息，牢牢锁住目标客户群体。潜在消费者是“我需要信息，所以我点击你”，而不是被动接收信息了，所以目标客户群体定位非常精准。

第三，覆盖广泛。搜索营销是在全球最大的搜索和网络平台上进行推广，覆盖面广泛。搜索营销的客户群是全世界的，市场具有全球性，针对的目标客户的范围极其广泛。营销的最终目的是占有市场份额，由于互联网能够超越时间约束和空间限制进行信息交换，使得营销脱离时空限制进行信息传播变成可能，企业有了更多时间和更大的空间进行营销，可每天、每小时、随时随地提供全球性营销服务。

三、优缺点

搜索引擎广告的优点在于:(1)传播速度快,资金投入相对较小;(2)搜索引擎在竞价排名推广中见效快,即投即显,想排在哪个位置就会出现在哪个位置,只要你支付足够的费用;(3)搜索引擎在固定赞助商排名广告中所花的费用低,见效快,适合中小企业;(4)搜索引擎营销可以实现较高程度的定位,提高营销信息被关注的程度;(5)搜索引擎营销可以随着网络服务环境的变化而变化,具有较高的灵活性。

搜索引擎广告的缺点也很明显:(1)效果不明显,竞价排名的更新速度快;(2)费用高,靠点击次数每次付费,极有可能遭到同行的恶意点击,不能得到网民的信赖,感觉你是在用钱往上面砸;(3)关键词单一,只有在搜索购买的关键词时才可以出现,不能自由控制,且前几名不稳定循环;(4)搜索引擎传递的信息只发挥向导作用,能否吸引用户获取信息并不确定;(5)搜索引擎营销的效果表现为网站的访问量的增加而不是直接销售。

四、基本原理

搜索引擎广告的计算主要涉及:

◇ 离线计算:核心是 CTR 预估、人群定向、广告索引等;

◇ 在线计算:广告检索、排名等;

◇ 流式计算:反作弊、计费、实时模型反馈等。

这个计算的结构非常复杂,其中每一部分都历经了数十年的改进变迁。但总的来看,从搜索引擎诞生以来,无论其计算技术多么复杂,其广告业务无非围绕如图 7-1 所示的三个问题,我们主要围绕这三个问题来讨论。

第一,广告检索原理(出哪些广告)。

熟悉信息检索的同学知道,搜索引擎进行查询的基础数据结构是倒排索引。虽然对于百度、谷歌等搜索引擎而言,广告信息和普通网页有很大差别,但是其索引基础也都是倒排索引。比起普通网页信息,广告信息数据量更小,但是更为集中,例如医疗广

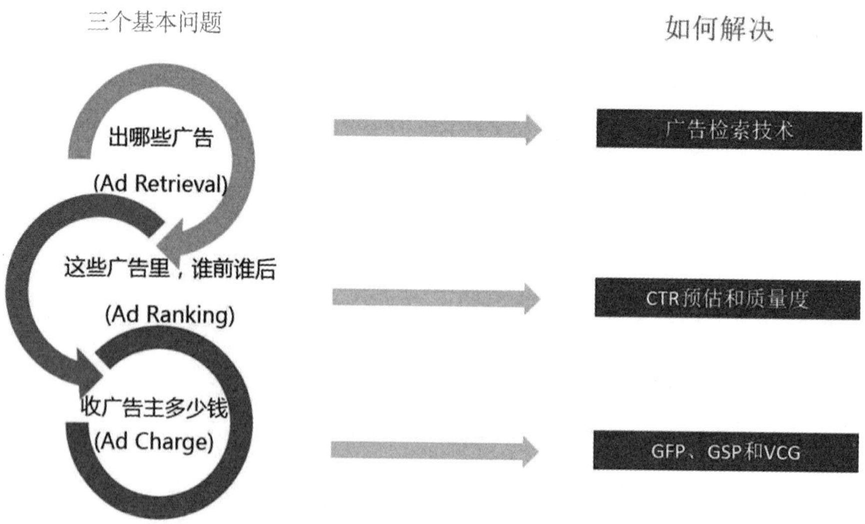

图 7-1　广告搜索原理

告、中介信息等。但如果遇到热门关键词竞争过于激烈的现象时，一般搜索引擎会有两个思路来解决这个问题：一个方式是进行查询扩展，例如对“iphone”的搜索也能触发“华为 P9”相关广告；另一种方式是通过定价策略等方式，促使广告主向长尾方向的关键词进行投放，避免扎堆。

第二，广告排序和 CTR 预估(这些广告里，谁前谁后)。

首先，排名为什么重要？因为搜索引擎的不同排名之间，点击率相差很大，根据谷歌的点击率统计，第一名是第十名的 10 倍左右。出价并非搜索引擎给广告排名的唯一因素，单纯追求经济效益，可能带来用户体验上的问题。因此搜索引擎商提出了质量度的概念，广告主出价和质量度，共同影响其排名。而质量度与预估点击率(CTR)，有直接的关系。(CTR 预估是机器学习领域的王冠明珠，相关论文极多)目前国内较常见的预估方法是 GBDT＋LR(梯度提升树＋逻辑回归分析)的路线，谷歌据传已经完全使用 FTRL(在线机器学习)算法。对这个话题感兴趣的同学可以自行学习更复杂的内容。

第三，计价方式(收广告主多少钱)。

搜索引擎广告常被称为“竞价排名”，其最重要的原因是，任何关键词的点击价格，并非通过广告商主动定价，而是通过各个相关广告主的出价博弈定价。具体来说，主流有三种方式：

GFP：最高价得标，按出价付费，这是最常见的拍卖方式。

GSP：最高价得标，按次高价付费，这是搜索引擎常见的计价方式。

VCG：计算较为复杂，简单地说，是计算了最高价占据首名位置时，给后面的其他广告主造成的损失，以此为依据来计费。目前脸书参照此方式付费。

在互联网的洪荒年代，GFP 曾经是雅虎的定价方式，但是很快谷歌提出 GSP，也迅速成了当前的主流。

第二节　朋友圈信息流广告

一、概念

信息流广告（News Feed Ads 或 Feeds），是在社交媒体用户好友动态或者资讯媒体和视听媒体内容流中的广告，在 2006 年由脸书首先推出。这种穿插在内容流中的广告，对用户来说体验相对较好，对广告主来说可以利用用户的标签进行精准投放，因此在移动互联网时代到来后迎来了爆炸式的增长，几乎所有的互联网媒体都推出了信息流广告平台。信息流广告的形式有图片、图文、视频等，特点是算法推荐、原生体验，可以通过标签进行定向投放，根据自己的需求选择推曝光、落地页或者应用下载等，最后的效果取决于创意、定向、竞价三个关键因素。

信息流广告是与产品内容混排在一起的广告，属于原生广告的一种，与传统广告相比不会那么容易被用户忽视，也不会让用户很反感。信息流广告会依据社交群体属性根据用户喜好进行精准推荐，展现方式以文字图片加链接为主。信息流广告的投放渠道主要有新闻资讯类的今日头条、社交媒体类的微信朋友圈以及搜索引擎类的手机百度等。

二、朋友圈信息流广告及其特点

与传统广告不同，信息流广告是利用大数据技术对社交群体属性识别分类后进行定向投放的，具有针对性、互动性和智能性。对于微信而言，信息流广告是通过在用户的朋友圈好友动态中插入广告信息得以实现的。这些广告信息与用户能看到的其他信息的内容样式并无二致，展现方式以文字和图片信息为主，同样可以通过点赞、评论来进行互动。

微信朋友圈广告的传播机制(如图 7-2)其实就是指品牌广告主利用微信朋友圈这个平台向目标用户传播广告信息的过程，其中也包括最先收到广告信息的微信用户再与好友进行分享互动的过程，再加上微信用户和好友对朋友圈广告的反馈而形成了一个闭合的环。由图可知，在这个闭合的环里，从信息传播者到信息接收者等各种传播要素一应俱全，最终才构成了一个完整的微信朋友圈广告传播过程。

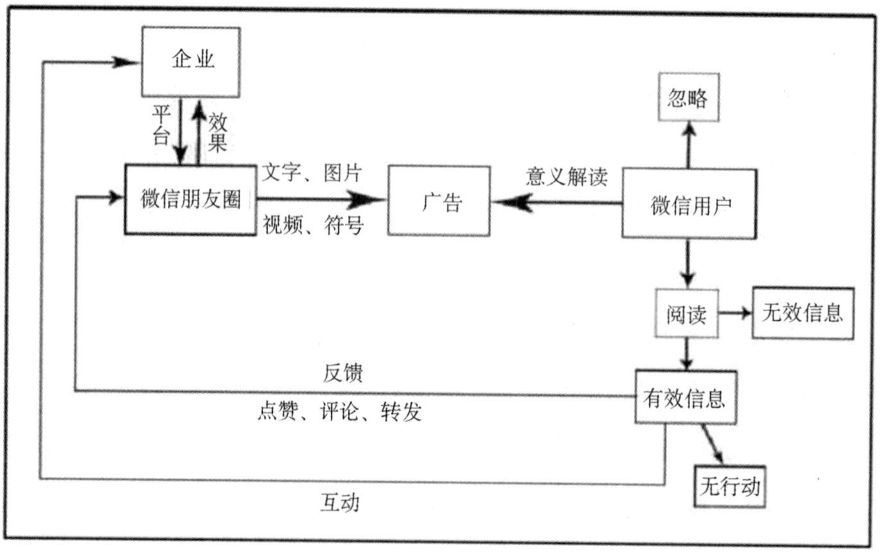

图 7-2 微信朋友圈广告的传播机制

可以看出，微信信息流广告主要是依附于微信的朋友圈，它的广告信息也就是我们常人发动态的头像、昵称、图片、文字等元素，看似是自己的好友朋友圈信息的形式嵌入，如果大家不仔细看，都不会太过于察觉到它是品牌商发布的推广信息，而区别它和好友朋友圈的关键就在于右上角添加了“广告”按钮。

总的来看，朋友圈信息流广告有如下几个特征：

第一，展现位置：朋友圈广告每天在用户第一次刷朋友圈的第五条，由于是属于好友动态原创性质的广告，所以广告的右上角带有“广告”两个字的标签，当你点开这个标签的时候，下面会有“我不感兴趣”几个字，用户点击“我不感兴趣”之后，近一周之内不会出现这行业的广告，但是从下周开始会继续出现朋友圈广告。

第二，展现形式：朋友圈广告外部图文广告由广告主头像 & 名称、外层文案、外层图片、文字链、用户社交互动等构成，本地推广图文广告还包括门店标识等构成。本地推广更加方便用户直接导航或者电话咨询商家，方便商户的店面宣传展示。朋友圈外部视频广告由四个部分的内容构成，包含广告主头像 & 名称、外层文案、外层小视频、用户社交互动等。

第三，交易模式：外部图文广告官方定价为：A. 排期购买，广告预计投放资金不得少于 5 万元，提前一个月锁定商户所需要投放的人群，确保投放那天全部能投放出去。排期购买分核心城市、重点城市、普通城市，价格分别为 150 元/千次曝光、100 元/千次曝光、50 元/千次曝光。B. 竞价购买，广告预算可以根据商家的情况进行投放，每天不得少于 1000 元。竞价购买分为核心城市、重点城市、普通城市，价格分别为 100—300 元/千次曝光、60—200 元/千次曝光、30—200 元/千次曝光。

第四，核心优势：A. 微信的海量用户：微信用户群体目前活跃用户达 8.3 亿。B. 朋友圈广告的性价比极高：传统的地面推广，如电视、地铁、报纸、公交车等费用较高，朋友圈广告竞价是目前最好的选择。C. 朋友圈广告的精准投放：人群的性别、年龄、兴趣爱好、活动范围、学历、手机型号、手机价格、结婚是否，包括有没有孩子，这些都是可以进行精准定向的，餐饮、婚庆、教育、汽车、房产等行业做朋友圈广告的效果是最显著的。D. 投放的灵活性和可控性：朋友圈广告可以根据时间段，包括位置(本地推广 500 米到 5 公里)精准的投放到商家附近的微信用户里面去。后期的投放人群数据，比如多少人点击，多少人查看图片，多少人点赞评论，多少人转发等，这些都是后台可以实时监测调控的。

三、朋友圈广告的投放模式

当用户刷朋友圈的时候，朋友圈后台就会把这个请求丢给广告引擎，广告引擎根据自身的算法和其他数据模块综合计算给出一条合适的广告。引擎算法其中主要还会调用社交传播控制模块，在广告排序之前，先根据社交传播过程动态选定人群。用户拉取到广告之后，会对广告有各种行为，分别是曝光、点击和转化，在经过反作弊模块鉴别之后，就用来计费和更新相关的数据模块。而社交行为，还会进入到专门的社交扩散模块进行计算（如图 7-3），供引擎使用。可以看到广告引擎的价值至关重要。

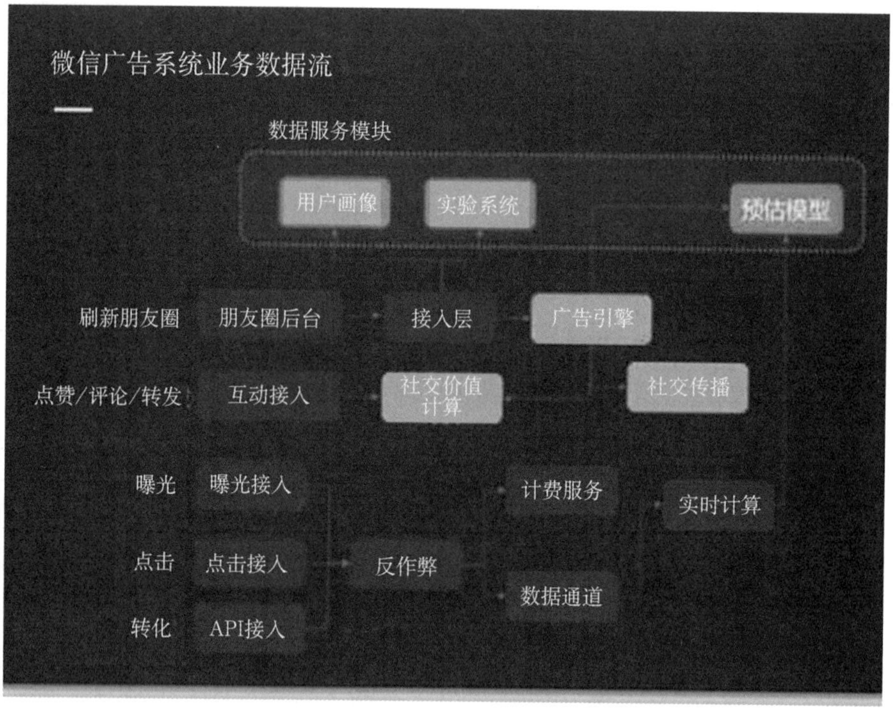

图 7-3　微信广告系统的业务数据流

那么，引擎在微信广告系统下如何考虑？广告引擎的作用是不断调整广告主、用户、广告平台、生态方平台这四者之间的价值利益。对于用户而言，用户希望提升自己的体验，不愿看见过多的广告，不接受过多的广告骚扰，并且希望得到有价值的信息；而对于广告主而言，它想提升自己的效果或者品牌力；对于平台而言，它不仅仅为了赚钱，也要兼顾口碑；而对于生态方，即对朋友圈和公众号而言，不能有损生态方的利益，相反地，我们应该促进它更好的发展。

要做好广告，就得识别精准用户。那么用户画像就是帮我们做这件事的（如图 7-4）。腾讯有近千款产品，分别覆盖了社交平台、游戏平台、电商平台等，提供了丰富的行为日志。帮助我们识别用户的基本人口属性、兴趣爱好等。

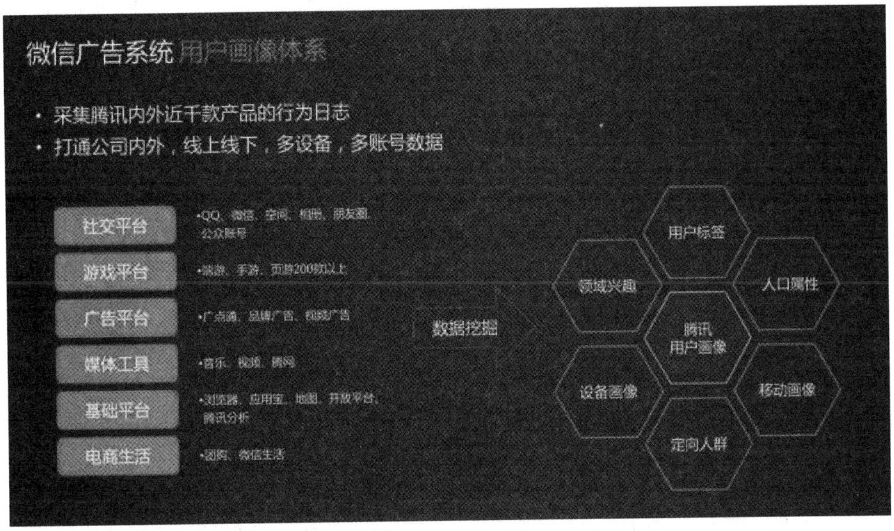

图 7-4　微信广告系统的用户画像体系

在了解微信朋友圈广告的投放之前，我们先来看下传统的效果广告推荐过程（如图 7-5）：首先，用户通过检索系统，检索出 100 条广告；然后经过基于个人兴趣的点击率预估，得出对这 100 条广告每个的点击概率；再结合广告出价，统一进行排序，排第一的广告返回给用户。

而在朋友圈的社交广告中，首先当然还是经过检索，不再只是根据用户点击兴趣推荐，还需要考虑用户对这个广告的社交意愿；其次，排序之前，系统还要经过一次社交传播的投放节奏控制，看看每个广告当前适合给哪些人群投放，对用户做一轮筛选，此时 100 个广告可能只有 50 个适合投放给该用户；最后，再经过考虑社交因素的广告排序，返回一个广告给用户。

下面就来具体看看这三个过程：社交意愿、社交传播节奏控制、基于社交广告排序。（如图 7-6）

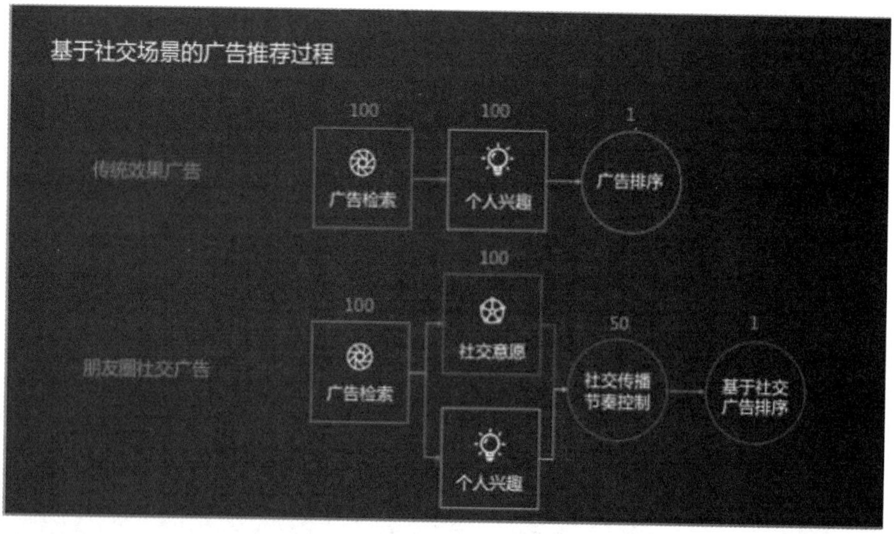

图 7-5 基于社交场景的广告推荐过程

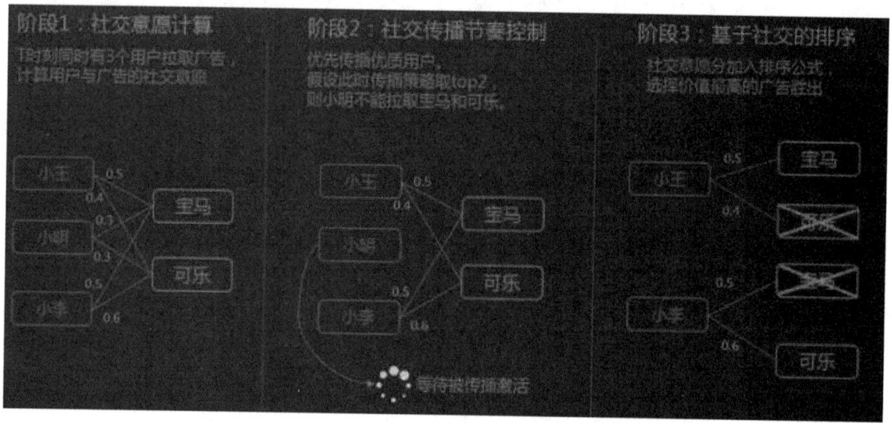

图 7-6 社交广告投放的三个阶段

第一阶段，社交意愿计算阶段，假设此刻有三个用户同时访问朋友圈，有宝马和可口可乐两个广告在线，这三个用户对这两个广告的社交互动意愿。

第二个阶段，社交传播节奏控制，它是广告选人阶段，假如这个时刻是让三个人中的两个人收到广告，那么根据分数计算，发现小明此时此刻是没办法收到宝马和可乐这两个广告。但这仅仅只代表此时此刻，随着传播范围的扩散，以及小明受到越来越多的好友的影响，他在之后的某个时刻还是可能继续收到广告的。

第三个阶段，基于社交的排序阶段，此时用户已经拿到了那些他可以收到的广告列表，然后再把社交意愿分加入排序公式之中，选择最合适的那条广告给用户。

第三节　电商推荐系统

一、概念

推荐系统是利用电子商务网站向客户提供商品信息和建议，帮助客户决定应该购买什么产品，模拟销售人员帮助客户完成购买过程。个性化推荐是根据用户的兴趣特点和购买行为，向用户推荐用户感兴趣的信息和商品。

随着电子商务规模的不断扩大，商品个数和种类快速增长，顾客需要花费大量的时间才能找到自己想买的商品。这种浏览大量无关信息和产品的过程无疑会使淹没在信息过载问题中的消费者不断流失。为了解决这些问题，个性化推荐系统应运而生。个性化推荐系统是建立在海量数据挖掘基础上的一种高级商务智能平台，以帮助电子商务网站为其顾客购物提供完全个性化的决策支持和信息服务。商品推荐特征明显，商品本身和文章、新闻存在较大差异，本身存在交易属性。如果推荐不准确用户很难去点击、去浏览、去购买。购买本身比新闻、文章转化成本高很多，所以准确性对于商品推荐极其重要。

亚马逊在 1998 年上线了基于物品的协同过滤算法，将推荐系统推向服务百万级用户和处理百万级商品这样一个前所未见的规模。二十年以来，亚马逊一直致力于构建一个千人千面的商店。每个来到亚马逊网站的人看到的都不一样，因为网站针对他们的个人兴趣做了个性化推荐。就如同你走进一个商店，商店架子上的商品开始重新排布，将你可能需要的排在前面，你不太可能喜欢的排在后面。基于你当前的场景和你过去的行为，亚马逊的推荐系统从一个数以亿计的商品库中，为你挑选出少量你可能感兴趣的物品。背后的算法并不是什么魔法，它只是将其他人已经发现的信息与你共享。一切都由算法自动进行，在计算机的帮助下，人与人之间在隐性、匿名地互相帮助。

京东的推荐起步于 2012 年，当时的推荐产品甚至是基于规则匹配做的。整个推荐产品线组合就像一个个松散的原始部落一样，部落与部落之前没有任何工程、算法的交集。2013年，国内大数据时代到来，一方面如果做的事情与大数据不沾边，都显得自己水平不够；另外一方面京东业务在这一年开始飞速发展，所以传统的方式已经跟不上业务的发展了，为此推荐团队专门设计了新的推荐系统。随着业务的快速发展以及移动互联网的到来，多屏（京东 App、京东 PC 商城、M 站、微信手 Q 等）互通，推荐类型从传统的商品推荐，逐步扩展到其他类型的推荐，如活动、分类、优惠券、楼层、入口图、文章、清单、好货等。个性化推荐业务需求比较强烈，基于大数据和个性化推荐算法，实现向不同用户展示不同内容的效果。

二、推荐系统的基本原理

知乎的产品总监闫泽华认为，尽管推荐系统中应用了各种高深的算法、架构，但其基础原理是朴素的：更好地了解待推荐的内容、更好地了解要推荐给的人，从而更高效地完成内容与人之间的对接。断物识人，是一切推荐行为的起点。

首先是断物。想要把内容推荐给人，首先需要充分理解内容的特点到底是什么，如果连自己都说不明白，那就妄论推荐效果了。更好地提取和表达待推荐事物的特点，这就是断物的意义所在。如你所熟知的那样，最简单的方式就是“打标签”。标签是我们对高维事物的降维理解，抽象出事物更具有表意性、更为显著的特点。在不同的应用场景下，我们会对标签进行有针对性地投射、有倾向性地选用不同的标签以换取最大化的信息匹配效率。

那么，对推荐对象的信息整理是否可以更好的结构化呢？可以将一个人的信息划分为基础信息、教育背景、职业信息、兴趣爱好等。通过更系统化的分类方式，完整地呈现出一个人的特点。这其实就讲到“标签”同“分类”的关系了。标签是网状的，更强调表达属性关系（has a）而非继承关系（is a），只有权重大小之分，不强调包含与被包含关系。这就使得相较于分类而言，标签的灵活性更强。在权威性方面，标签是弱化的，每个用户都可参与进来，基于自己的偏好打标签。标签借由规模效应实现对信息的表意性覆盖。由于网状结构是可以包含树状结构的，故而标签是可以被应用于分类的场景。在我们设计一个系统的时候，可以先基于产品场景快速覆盖主要标签，再基于标签集合的使用频次情况逐步将部分入口收敛到树状的分类体系中来。

其次，与“断物”的部分相对应，我们可以直观地把“识人”理解为给目标用户打标签的过程，通过标签来描述一个用户的特征集合。识人的过程其实就是一个对用户进行画像的过程。用户画像包含的内容并不完全固定，根据行业和产品的不同所关注的特征也有不同。对于大部分互联网公司，用户画像都会包含人口属性和行为特征。人口属性主要指用户的年龄、性别、所在的省份和城市、教育程度、婚姻情况、生育情况、工作所在的行业和职业等。行为特征主要包含活跃度、忠诚度等指标。

除了以上较通用的特征，不同类型的网站提取的用户画像各有侧重点。以内容为主的媒体或阅读类网站，还有搜索引擎或通用导航类网站，往往会提取用户对浏览内容的兴趣特征 ，比如体育类、娱乐类、美食类、理财类、旅游类、房产类、汽车类等。社交网站的用户画像，也会提取用户的社交网络，从中可以发现关系紧密的用户群和在社群中起到意见领袖作用的明星节点。电商购物网站的用户画像，一般会提取用户的网购兴趣和消费能力等指标。网购兴趣主要指用户在网购时的类目偏好，比如服饰类、箱包类、居家类、母婴类、洗护类、饮食类等；消费能力指用户的购买力 ，如果做得足够细致，可以把用户的实际消费水平和在每个类目的心理消费水平区分开，分别建立特征纬度。另外还可以加上用户的环境属性 ，比如当前时间、访问地点 LBS(基于位置的服务)特征、当地天气、节假日情况等。当然，对于特定的网站或 App，肯定又有特殊关注的用户纬度，就需要把这些维度做到更加细化，从而能给用户提供更精准的个性化服务和内容。

京东大数据有别于其他厂商的地方就是京东拥有最长的价值链和全流程的数据积累。京东数据的特征非常全面，数据链记录着每个用户的每一步操作：从登录到搜索、浏览、选择商品、页面停留时间、评论阅读、是否关注促销，以及何时加入购物车、下订单、付款、选择什么配送方式，最终是否有售后和返修，整个用户的购物行为的完整数据都被记录下来。通过对这些用户行为及相关场景的分析，构建了京东用户画像。其中不仅有用户的年龄、性别、购物习惯，更有根据其购物行为分析出的大量数据，例如是否已婚、是否有孩子、对促销是否敏感等。另外，实时用户画像可以秒级分析出用户的购买意图，以及实时兴趣偏好。

三、电商推荐的机制

推荐系统的目标是通过全方位的精准数据刻画用户的购买意图，推荐用户有购买意愿的商品，给用户最好的体验，提升下单转化率，增强用户黏性。推荐系统的业务架构如图 7-7 所示。

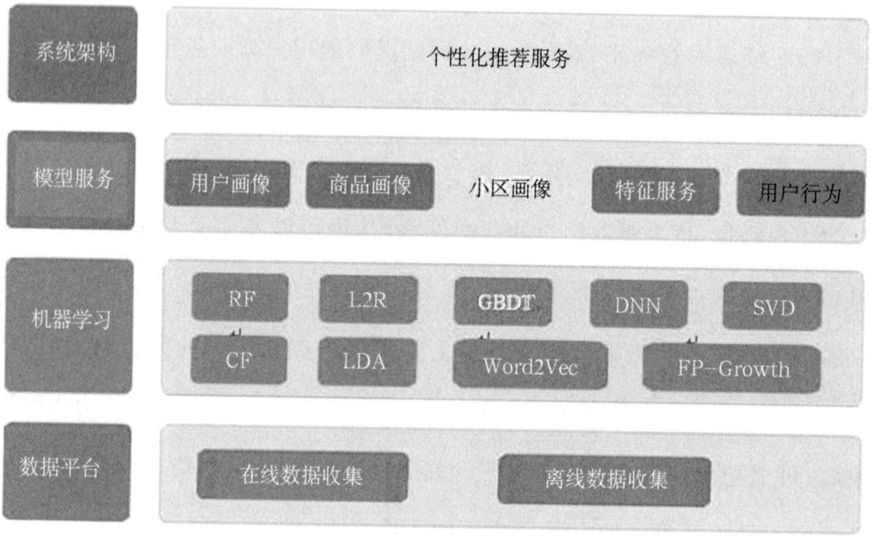

图 7-7 推荐系统的业务架构

◇ 系统架构。对外提供统一的 HTTP（超文本传输协议）推荐服务，服务京东所有终端的推荐业务。

◇ 模型服务。为了提高个性化的效果而开发的一系列公共的个性化服务，用户维度有用户行为服务和用户画像服务，商品维度有商品画像，地域维度有小区画像，特征维度有特征服务。通过这些基础服务，让个性化推荐更简单、更精准。

◇ 机器学习。算法模型训练阶段，尝试多种机器学习模型，结合离线测评和在线 A/B，验证不同场景下的算法模型的效果，提高推荐的转化率。

◇ 数据平台。数据是推荐的源泉，包括数据收集和数据计算。数据虽然是整体推荐架构的最底层，却是非常重要的，因为数据直接关系到推荐的健康发展和效果提升。

以京东的个性化推荐为例，在起步初期，推荐产品比较简单，每个推荐产品都是独立服务实现。而它在 2016 年后设计的新版推荐系统是一个系统性工程，依赖数据、架构、算法、人机交互等环节的有机结合。推荐系统的目标，是通过个性化数据挖掘、机器学习等技术，将“千人一面”变为“千人千面”，提高用户忠诚度和用户体验，提高用户购物决策的质量和效率，提高网站交叉销售能力，缩短用户购物路径，提高流量转化率（CVR）。目前京东的推荐系统支持多类型个性化推荐，包括商品、店铺、品牌、活动、优惠券、楼层等。京东个性化推荐系统架构如图 7-8 所示。

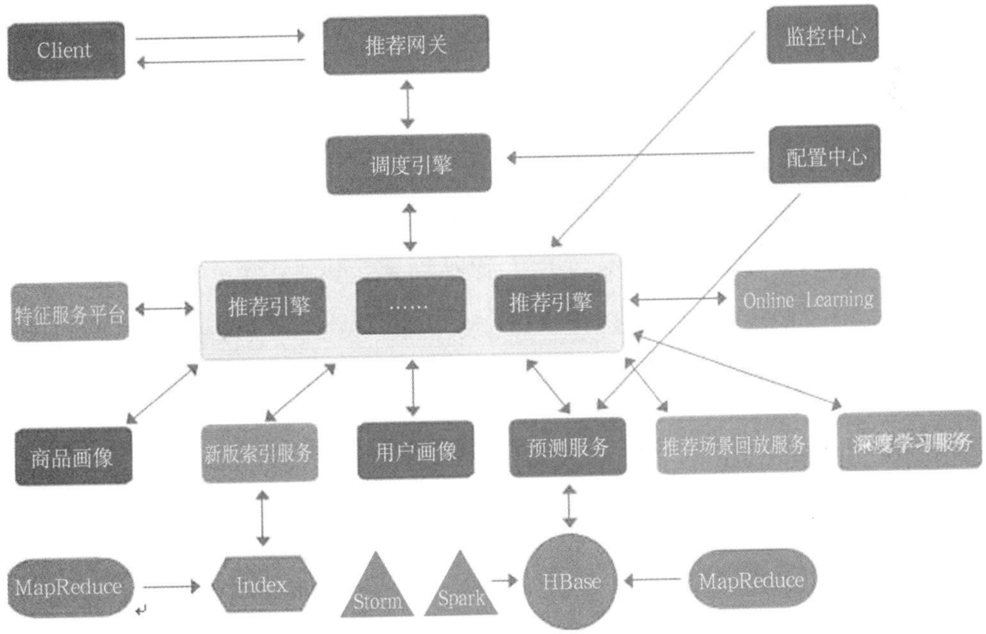

图 7-8　京东个性化推荐系统架构

个性化推荐系统架构图中有不同的业务处理场景：数据处理部分，包括离线数据预处理、机器学习模型训练，以及在线实时行为的接入、实时特征计算。推荐平台，主要体现响应用户请求时推荐系统的各服务模块之间的交互关系。推荐系统核心模块：

◇ 推荐网关。推荐服务的入口，负责推荐请求的合法性检查、请求分发、在线 Debug（程序除错）以及组装请求响应的结果。

◇ 调度引擎。负责推荐服务按策略调度及流量分发，主要根据配置中心的推荐产品的实验配置策略进行分流，支持按用户分流、随机分流和按关键参数分流。支持自定义埋点，收集实时数据。支持应急预案功能，处理紧急情况，秒级生效。

◇ 推荐引擎。负责推荐在线算法逻辑实现，主要包括召回、过滤、特征计算、排序、多样化等处理过程。

◇ 个性化基础服务。目前主要个性化基础服务有用户画像、商品画像、用户行为、预测服务。用户画像包括用户的长期兴趣、短期兴趣、实时兴趣，兴趣主要有性别、品牌偏好、品类偏好、购买力等级、自营偏好、尺码颜色偏好、促销敏感度、家庭情况等；商品画像主要包括商品的产品词、修饰词、品牌词、质量分、价格等级等；用户行为主要获取用户近期行为，包括用户的搜索、点击、关注、加入购物车、下单等；预测服务主要是基于用户的历史行为，使用机器学习训练模型，用于调整召回候选集的权重。

◇ 特征服务平台。负责为个性服务提供特征数据和特征计算，特征服务平台主要针对特征数据，进行有效的声明、管理，进而达到特征资源的共享，快速支持针对不同的特征进行有效的声明、上线、测试以及 A/B 实验效果对比。

第四节 抖音广告

一、竖屏广告

近两年，短视频成为互联网行业的热点，随着移动终端和 4G 的普及，短视频因其高度灵活性和易传播性，逐渐获得各大平台、粉丝和资本的青睐，更多的短视频创作者入局求发展，让短视频的覆盖范围极速扩张，影响力越来越大。值得关注的是，用户的短视频使用习惯正在发生变化，看视频从横屏转向竖屏。MOVR Mobile(一家英国调研机构)的报告显示：智能手机用户有 94%的时间将手机竖版持握而非横版；英国调研机构 Unruly 的一项调查显示：52%的手机用户习惯将屏幕方向锁定为竖向。

竖屏内容不仅成为短视频产品的主流表达方式，也让广告竖屏化。在移动互联网内容视频化的大背景下，从横版视频向竖版视频的转变也成了不可阻挡的潮流，从国内外互联网市场上的视频应用来看，无论是国外的脸书“快拍”、Snapchat 的发现频道、Instagram 的 Story 功能，还是国内的抖音、快手、美拍、微博故事等，都有一个共同的特征——竖屏。

YouTube(油管)视频网站的报告显示，2017 年用户上传的竖屏视频数量增长了 50%。同时，NBC、CNN 等主流媒体在 Snapchat 开启竖屏资讯，美国 MTV 电视网、ESPN 以及国家地理频道等媒体巨头也都纷纷开始接受竖屏视频的表达和呈现方式，以便更好地与年轻用户对话。在中国，抖音短视频不仅成为竖屏内容的领先平台，还率先推出原生竖屏信息流广告，引领竖屏广告的潮流。

竖屏让小屏变大屏，展示面积扩大 3.16 倍，沉浸感加强。横版与竖版的区别不仅仅是 16∶9 或者 9∶16 的画面尺度变化，更多的是用户习惯的变化，很少有人为了看全屏广告而把手机横过来播放。根据测算，竖屏广告展示面积是横屏的 3.16 倍，展示面积扩大意味着更多注意力的提升，竖版广告可以展示更多的内容，表达更多的视觉设计理念。竖屏广告还可以缩短品牌与用户沟通路径，让用户快速卷入互动。竖屏广告可以提高用户的互动性，直握手机的观众，可以自然顺畅地与品牌互动，如转发、评论。因此对于竖屏广告而言，广告的播出不是结束，而是开始。除了常规的点赞、评论和分享，用户还可以参与到品牌创意之中，让品牌影响力不断延续。

二、抖音的推荐算法

推荐系统，如果用形式化的方式去描述实际上是拟合一个用户对内容满意度的函数，这个函数需要输入三个维度的变量。结合三方面的维度，模型会给出一个预估，即推测推荐内容在这一场景下对这一用户是否合适(如图 7-9)。

◇ 第一个维度是内容。头条现在已经是一个综合内容平台：图文、视频、UGC 小视频、问答、微头条，每种内容有很多自己的特征，需要考虑怎样提取不同内容类型的特征做好推荐。

◇ 第二个维度是用户特征。包括各种兴趣标签:职业、年龄、性别等,还有很多模型刻画出的隐式用户兴趣等。

◇ 第三个维度是环境特征。这是移动互联网时代推荐的特点,用户随时随地移动,在工作场合、通勤、旅游等不同的场景,信息偏好有所偏移。

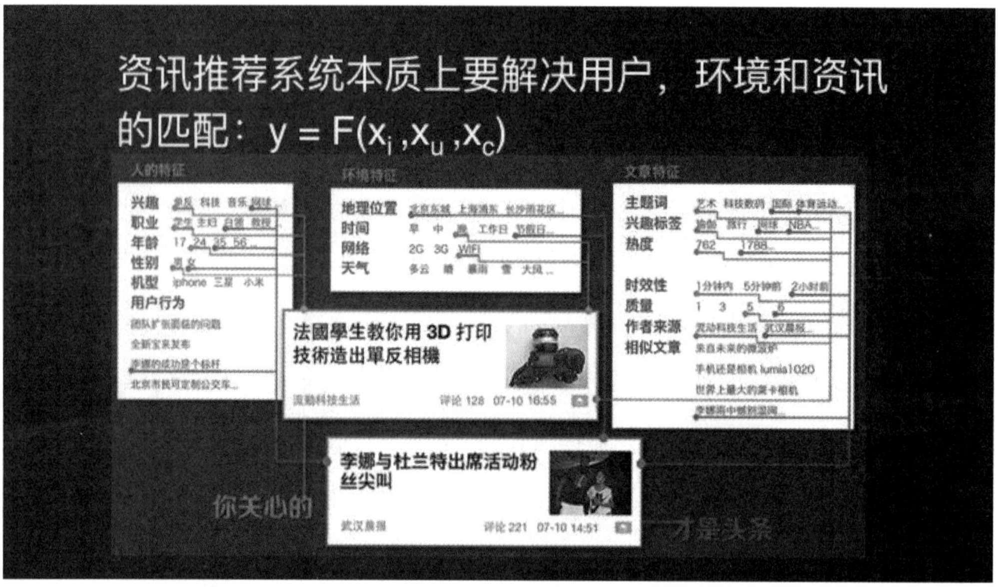

图 7-9 抖音的推荐算法

然后,再看一下典型的推荐特征,主要有四类特征会对推荐起到比较重要的作用。

◇ 第一类是相关性特征,就是评估内容的属性和与用户是否匹配。显性的匹配包括关键词匹配、分类匹配、来源匹配、主题匹配等。像 FM(因子分解机)模型中也有一些隐性匹配,从用户向量与内容向量的距离可以得出。

◇ 第二类是环境特征,包括地理位置、时间。这些既是 bias(偏差)特征,也能以此构建一些匹配特征。

◇ 第三类是热度特征,包括全局热度、分类热度、主题热度以及关键词热度等。内容热度信息在大的推荐系统特别在用户冷启动的时候非常有效。

◇ 第四类是协同特征,它可以在部分程度上帮助解决所谓算法越推越窄的问题。协同特征并非考虑用户已有历史,而是通过用户行为分析不同用户间相似性,比如点击相似、兴趣分类相似、主题相似、兴趣词相似,甚至向量相似,从而扩展模型的探索能力。

模型的训练上，头条系大部分推荐产品采用实时训练。实时训练省资源并且反馈快，这对信息流产品非常重要。用户需要行为信息可以被模型快速捕捉并反馈至下一刷的推荐效果。

简单来讲，抖音算法是：机器审核＋人工双重审核（如图 7-10）。即当一个视频初期上传，平台会给你一个初始流量。初始流量之后，平台根据点赞率、评论率、转发率，进行判断此视频是否受欢迎。如果第一轮评判为受欢迎的，那么它会进行二次传播，当第二次也得到了最优的反馈，那么就会给予推荐更大的流量，以此类推。相反，在第一次或者第 N 次时反应不好，平台就不会再推荐，没有了平台的推荐，你的视频想火的概率就微乎其微，因为没有更多的流量能看见你了。

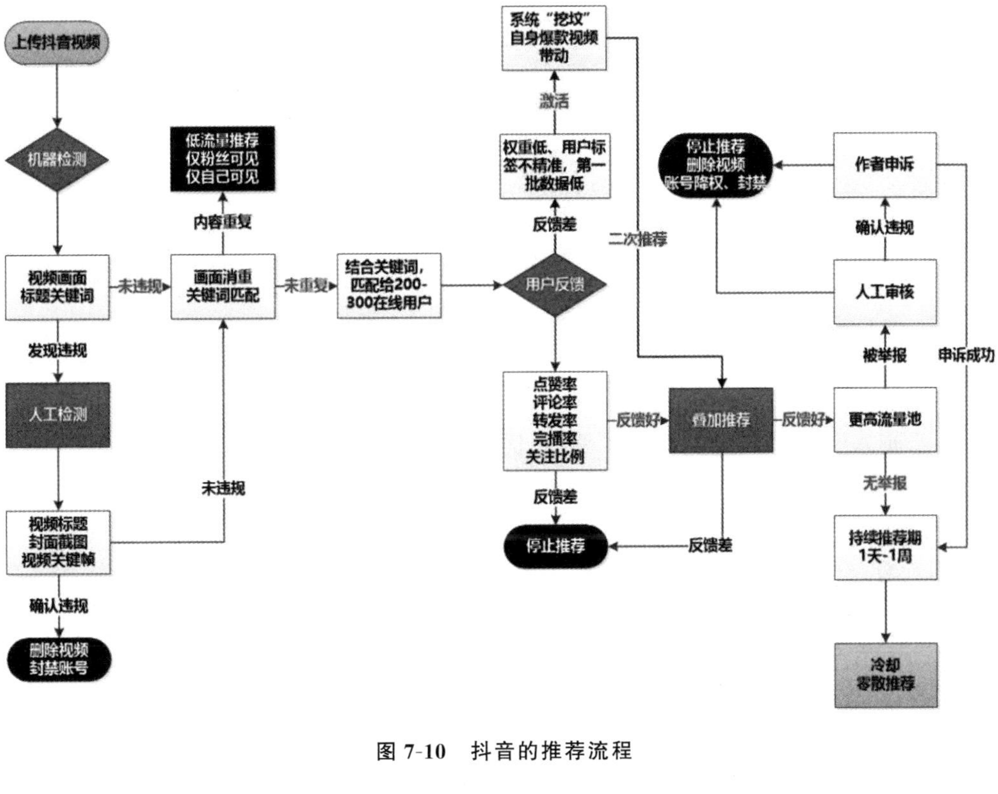

图 7-10　抖音的推荐流程

那么，该如何利用好抖音的算法呢？

◇ 利用好推荐流量池。抖音给每一个作品都提供了一个流量池，无论你是不是大号、作品质量如何。你之后的传播效果，就取决于你的作品在这个流量池里的表现。因此,我们要珍惜这个流量池,想办法让我们的作品在这个流量池中有突出的表现。抖音评价你在流量池中的表现,会参照 4 个标准:点赞量、评论量、转发量、完播率。知道了这 4 个标准,我们就要在一开始视频发出来的时候,想办法发动所有的你能发动的 10 个以上的朋友去点赞、评论、转发、播放。

◇ 叠加推荐。所谓叠加推荐,是指新视频都会智能分发 100W 左右的播放量,如转发量达 10(举例),算法就会判断为受欢迎的内容,自动为内容加权,叠加推荐给你 1,000;转发量达 100(举例),算法持续叠加推荐到 10,000;转发量达 1,000(举例),再叠加推荐到 10W,依次类推……这正是 0 粉也能一夜 10W+、一夜爆红的原因。那我们该如何做呢? 比如说,评论量很重要,那我们在写视频的标题文案时,可以考虑设置一些互动问题,引导用户留言评论。对于你比较看好的一些视频,即使它一开始没火,你也要持续去给它做一些点赞评论,通过朋友圈转发一下。它有可能这个星期没有被推荐,但下个星期有可能就会被推荐。

◇ 热度加权。层层热度加权后才会进入抖音的推荐内容池,接受几十到上百万的大流量洗礼,各项热度的权重依次为:转发量>评论量>点赞量。热度权重也会根据时间择新去旧,一条爆火的视频的热度最多持续一周,除非有大量用户模仿跟拍,所以还需要稳定的内容更新,和持续输出爆款的能力。在爆火的通关攻略中,算法只指明了路径,优质的内容才是启动人心的金钥匙。

第八章

数据安全、伦理与法规

第一节　用户隐私

一、算法越来越了解用户

最近几年，你有没有发现一个比较奇怪的现象：你手机上安装的应用软件越来越了解你了。如果你的回答是没有，那么我们不妨来回忆一下，最近一段时间你有没有这样的一些经历：你在百度搜索了某一个并不经常购买的商品，结果当你打开淘宝、京东、拼多多或者其他什么网页的时候，这些电商网站居然向你推荐了你搜索的这件商品，或者这些你所打开的网页居然出现了这件商品的弹出广告。这很诡异吗？其实一点也不。因为这已经是一个普遍的商业场景和媒体应用，在媒介内容消费领域它被称为个性化推荐，在广告投放领域它被称为程序化广告，其基本的逻辑都是通过挖掘用户数据进行算法推荐。

目前，移动互联网领域主流的应用软件几乎都无一例外地使用了算法推荐技术。如果你在百度、优酷、腾讯或者 B 站搜索过一首粤语歌曲，那么你有可能在打开网易云音乐的时候被推荐这首歌曲；如果你在京东浏览过某一本图书并把它放进了购物车里，那么你有可能在打开其他图书网站或者再次打开京东网站的时候被推荐与这本书主题类似的其他图书；还有，婚恋网站可能非常清楚地知道你更喜欢什么风格的女性或者男性，美食网站可能会向你推荐在你的公司或者住址附件的美食，资讯网站可能会不停地为你呈现你所喜欢的明星八卦或网红娱乐，微信朋友圈的广告也是根据你的用户画像或标签而进行定向投放的……

更有甚者，有些电商的卖家会根据对用户消费数据的分析来决定是否向这名用户发正品或者假货，就连脸书这样的互联网巨头都曾经一度深陷利用数据操纵选举的丑闻。越来越多的用户开始注意到这些现象，而实际上，当用户反应过来的时候，个性化推荐和程序化广告早已经变得铺天盖地。

那么，紧接着而来的就是用户的疑惑与焦虑：我的隐私是不是被泄露了？我的数据是不是被贩卖了？我的消费是不是被操控了？要不然，为什么这些应用的内容推荐与广告投放会越来越精准呢？答案是肯定的，只是你的隐私究竟是被谁泄露了、你的数据有多少比例被贩卖了、你的消费在多大程度上被操控了，这还有待于进一步探讨。互联网公司之间有没有数据交易？答案也是肯定的。只是在这个交易的过程中，用户的隐私和用户的数据是被保护了还是被泄露了，在多大程度上被保护或者被泄露了，这也还有待于进一步探讨。套用一句经典的小品台词就是：我知道我被卖了，但我不知道我是怎么被卖了的。这也就难怪那些对大数据、人工智能和个性化算法持悲观主义态度的研究者会对很多互联网巨头进行强烈的批评。

二、数字时代的圆形监狱

英国哲学家杰里米·边沁设计了一种“圆形监狱”：在其中，每一个囚徒的所有行为动作对于监视者而言都是可见的，但监视者的任何心理、表情和动作对于囚徒们而言都是无从得知的，他们甚至根本不知道监视者的存在。法国哲学家米歇尔·福柯在其著名的《规训与惩罚》一书中使用了“全景监狱”的概念来表达与边沁类似的意思，但这里的囚徒们在一定程度上是意识到监视者存在的。无论何种说法，囚徒们所处的环境对于监视者而言都是透明的，他们能够清晰地掌握囚徒们的一举一动。

在当前的信息社会，每位用户在数字终端上的浏览痕迹、跳转路径、消费记录以及其他各种动作都被以不同的形式存储和保存了下来，构成了所谓的大数据的一部分。这其中绝大部分数据是无意义、无价值的，它们根本不会被谁注意便淹没在了浩浩荡荡的数据洪流之中，但是越来越多的机构——无论是出于商业目的还是政治目的——正在开发各种各样的算法激活大数据中所蕴含的巨大价值。借助算法，我们在大数据的海洋中淘洗到了美丽的“贝壳”，甚至还发现了闪闪发光的“珍珠”，那就是数据中所蕴含的关于用户个人的基本情况、兴趣偏好、价值观念、消费需求乃至政治倾向等有助于对用户行为进行预测、引导和施加影响的重要信息。

例如，2018 年 3 月引起全球互联网用户极大关注的脸书“数据门”事件，事件的主角“剑桥分析”公司就涉嫌窃取超过 5,000 万脸书用户的个人数据，并在此基础上利用数据挖掘工具和算法推荐系统来操纵美国大选及英国脱欧的投票。尽管我们不能认定算法操纵是否决定了某些重大的公民决策行为，也无法了解算法对公民的政治理念和投票行为究竟产生了多大程度的影响，但有一点是明确的：算法能够从我们遗留在网络上的数字踪迹中挖掘出更丰富的、具体到每一位用户的各类信息，以服务于商业目的或者其他目的，这其中当然包括大量的用户隐私。

在这种数据可以被实时收集、存储和挖掘的语境下，波斯特从福柯的“全景监狱”出发，指出了“今天的传播环路以及它们产生的数据库，构成了一座超级全景监狱，一套没有围墙、窗子、塔楼和狱卒的监督系统”[①]，我们每个人则成为这个“超级全景监狱”中的“囚徒”，尽管其中的绝大多数人并没有时时刻刻自发地感知到这种“监视”——当然，监视也不是时时刻刻都存在——但这种由数据、算法和传播权力编织起来的监视与被监视、传播与被传播、操纵与被操纵的虚拟关系确实产生着相应的影响。

客观而论，直到目前为止，每年都有层出不穷的数据泄露事件和隐私侵权事件，但用户仍然并不知道自己的隐私会如何被侵犯、被侵犯到何种程度，因为数据和隐私这样的概念对用户而言太抽象了，除非有具体的且恶劣的行为严重伤害到了他们，否则他们就会觉得无关痛痒，更何况，“他们与那些掌握并利用甚至可能出卖他们的隐私数据的公司之间，天然是不平等的。在缺乏对自己数据的知情能力的情况下，隐私保护

---

① 波斯特.信息方式[M].范静哗，译.北京：商务印书馆，2000：127.

也就无从谈起”[①]。

三、应该怎样看待隐私

但或许我们也不能因此而彻底悲观甚至陷入绝望，情况可能没有我们想象的那么糟糕，甚至还有可能是很多悲观主义的研究者杞人忧天般地多虑了。比如《福布斯》杂志曾经就专门针对隐私这件事情撰文指出：“小孩子就是不在乎，或者不理解老一代人所指的‘隐私’一词的意思……70%的千禧代人说没有人有权接近他们的数据或线上行为；但51%的说，如果能被告知，他们愿意共享信息。”[②]Liana Brüseke[③] 就千禧一代和婴儿潮一代对在线购物行为中的隐私认知情况进行的对比研究也在一定程度上支持了上述说法，不同时代的人群对待数字世界中的隐私问题持有不同的态度和观点。

当然，年轻人对个人数据和隐私持有更加开放和乐观的态度是完全可以理解的，他们是信息时代的互联网原住民，他们更容易认可和支持数据共享行为，他们也还没有受到过太多因为隐私泄露而产生的各种困扰，而且，任何一个国家、任何一个时代的年轻群体总是相对于年老群体对新出现的事物和问题保持激进态度。但这也并不一定就意味着年轻人一点儿都不关心他们的数据安全和隐私风险，例如 Brien 等人的研究就发现其实聪明的千禧一代非常清楚社交网站中的低隐私设置所存在的风险，并主动采取了一些保护措施以防自己信息的泄露。[④] 更何况，随着年龄的逐渐增长，很多年轻人不怎么关注隐私问题的状况还极有可能发生根本性的变化，谁会真的希望在看似匿名、自主、安全的网络环境背后有一双甚至无数双眼睛盯着自己看呢？

互联网领域一直引以为豪的共享思维和共享技术塑造了年青一代的思想和行为，

---

① 彭兰.假象、算法囚徒与权利让渡：数据与算法时代的新风险[J].西北师大学报(社会科学版)，2018(9)：20-29.

② 爱德华.数字法则：机器人、大数据和算法如何重塑未来[M].鲜于静，宋长来，译.北京：机械工业出版社，2016：179.

③ BRÜSEKE L. The influence of privacy perceptions on online shopping behavior ：a comparison between millennials and baby boomers[EB/OL]. (2016-10-25)[2019-11-20].https://essay.utwente.nl/70179/.

④ S-ÖBRIEN L，READ P，WOOLCOTT J.，et al. Understanding privacy behaviors of millennials within social networking sites[J]. Proceedings of the American society for information science and technology，2011，48(1)：1-10.

使得他们更愿意分享从经验到知识、从数字产品到实体产品等所有非独占性的东西，但这不是说他们会愿意分享所有的一切，或许他们缩小了自己所认为的隐私应该涉及的范围，但他们肯定不会放弃隐私权。“数字化技术能使隐私侵犯更加绝对化，结果它威胁，甚至破坏了我们大家晚上带回家的‘真正的自我’。在持续不断的监控下，我们的行为不像是我们自己的，我们有时甚至不是自己，我们会尽力掩饰自己，希望避免超级牢固的刺网的监视。”[①]现在，这种监视、诱导以及操控行为正在把并非我们真正需要的信息和商品推送给我们，正在从更深层次改变我们对世界的认知、态度乃至行为，因为它看见了我们，于是它能预测、影响甚至改变我们的想法和做法，而我们中的大多数，却看不见、听不到也感知不着它的存在。

第二节　数据画像与价格歧视

一、拿数据换便利？

事实上，互联网公司的确是因为获取、积累并挖掘了用户浏览、使用、消费等行为的大数据而不断将用户的标签体系做得越来越丰富和完善的，也正因此，用户画像越来越像一个个丰满、立体、具象的个人，而不再是一幅幅抽象、平面、模糊的群体画像。但是，每家企业能够获取到的数据都只是用户全部数据中的一部分，例如高德地图积累的更多是与你的地理搜索、出行、导航相关的数据，天猫积累的更多是与你的浏览和购买商品相关的数据，微信积累的数据或许涵盖的面会更广泛一些，它会涉及你的社交、理财、出行、生活消费等诸多维度，但利用这些数据也不能勾画出一个完整的你。

正是因为任何一家互联网公司都不可能像你的父母、配偶、子女或者亲戚朋友那样对你的性格、兴趣、偏好、财产等了如指掌，当他们想要丰富你的用户画像的时候，除

---

① 爱德华.数字法则：机器人、大数据和算法如何重塑未来[M].鲜于静，宋长来，译.北京：机械工业出版社，2016：179.

了自己家的数据之外，就必须借助其他家的数据相互匹配、相互补充，这样它才能越来越了解你，了解你住在哪里、你喜欢吃什么菜、你经常交往的朋友都有哪些人、你喜欢上什么样移动应用浏览什么样的内容……这时候就需要打通各家的数据进行数据共享。但是太阳底下没有免费的数据，除了自己家通过强制用户同意开放给你的数据之外，因此这就必然产生数据交易行为和数据交易市场。也就是用户所观察到的：我的数据被卖了。百度公司董事长兼首席执行官李彦宏在一次以“中国经济的新动能”为主题的发言中，就曾经提到过这样的一个观点，他说：中国的消费者在隐私保护的前提下，很多时候是愿意以一定的个人数据授权使用，去换取更加便捷的服务。这句话被媒体断章取义后就变成了“用户自愿放弃隐私换取便利”，并且受到了很多网民和专家的围攻。

然而，事实的情况确实如此，作为一名用户，我深刻地体会到了这句话的含义。几乎所有的用户在安装某一款软件或者应用的时候，都会被询问“你是否同意……”，下面有同意和不同意两个选项。99％的用户在99％的情况下都会点击选择“同意”，然而，99％的用户在99％的情况下其实压根都不知道自己同意的内容是什么。这其中，就有涉及我们每个人切身利益的个人隐私和数据。在这个角度上看，很多数据实际上是用户自己同意开放给互联网公司的，他同意开放数据给互联网公司的目的，恰恰是为了获取使用其软件或应用带来的便利。有一次，我要安装一款名叫“易通行”的应用软件，这款软件要求我允许它访问手机的通讯录功能，甚至还有很多其他应用要求访问照相机功能，但是这些应用软件所提供的服务压根与我们的通讯录和照相机等功能没有任何直接的关联。刷个地铁卡有必要访问我的通讯录吗？点个外卖有必要访问我的照片吗？然而，这恰恰是绝大多数互联网软件和手机应用的垄断主义策略所在，不允许访问这些功能，用户就无法使用这个软件提供的基本功能。于是在过了一两个月没带公交卡和现金的日子后，我被迫允许了它访问我的通讯录功能，从而获得了这款应用向我提供的不带公交卡也能刷地铁的“便利”。

客观而论，用户既想要获取大量便利又想要保证自己的数据不被不合理利用的心情是可以理解的，然而这一心愿在当下乃至全球的互联网领域也都是一种奢谈。不开放给互联网公司用户的数据，它就不能更好地了解用户，向用户提供的内容、商品和服务也就无法做到个性化和定制化，用户的使用体验就会比那些能够提供个性化体验的应用差很多，进而就会导致用户大量流失，互联网公司宣布破产。用户同意开放数据给互联网公司，那么谁来保证这些互联网公司在获取用户数据的时候守规矩了呢？谁又来保证它们会设身处地地为用户考虑而不是为商业利益考虑呢？法律的监督真的起作用了吗？政策制定者会站在用户的利益考虑问题还是会站在某些利益集团效益最大化的角度考虑问题？

再进一步，如果把用户换位为互联网公司的产品经理乃至高管，他会做出怎样的选择？是选择保护好用户的数据和隐私，还是选择保护好公司的商业利益？更何况，什么是数据或许可以较清晰的界定，但什么是隐私并不是那么容易就说得清楚的。对于有些用户而言，我在互联网上是男是女都应该算作涉及个人隐私的数据，但对于另外一些用户而言，我的工作单位和家庭住址都可以不算在隐私数据的行列。什么样的数据应该界定为隐私？什么样的数据使用行为应该被界定为泄露用户隐私行为？很多时候都存在模棱两可的灰色地带。你使用的输入法在技术上是可以获取手机上所有应用的数据的，你家里的路由器以及手机的运营商在技术上也是可以获取各个软件的流量信息的，你走在路上都有可能被某一款 Wi-Fi 探针盒子获取到了你手机的 mac 地址（媒体存取控制地址）数据，它们拿到了你的数据之后做什么用途了，很多时候其实你并不清楚，直到有一天，你被推荐了某一款产品，或者你被投放了某一则广告，很多人都不会意识到这是广告主或者经销商在挖掘了你的数据之后对你进行的个性化精准推荐。

在这个角度上看，任何购物网站、社交软件、移动应用、网络工具都存在着泄露用户数据乃至隐私的巨大嫌疑，甚至很多企业恰恰就是以这种流氓行为而著称的。尽管这样的行为为它获取了客观的商业利益，但这也是中国互联网行业不容回避的耻辱。在互联网巨头面前，尽管用户作为一个所有互联网公司最喜欢提及的词汇是被尊重的，但任何个体的用户都从来没有真正被尊重过，他们的数据被各大巨头以各种各样新的名义贴上各种各样的标签，打包封装好之后卖给了广告主和经销商。没有任何一位用户有能力和实力与互联网巨头直接叫板对抗，更何况它们还俘虏了相当一部分与数据安全和用户隐私相关的政策制定者。在这样的情况下，用户和很多研究者能做的只有无济于事的呼吁。事实上，魔鬼出来之后就很难再回到宝葫芦中去了，就像用户也很难再回到没有互联网、移动互联网、个性化推荐的传统大众媒体时代一样，这是不可逆的。在这个意义上，仍然有相当大比例的用户群体，愿意放弃部分数据乃至隐私而获取某些便利。

二、价格歧视与营销操控

今天的智能手机，已经变成人人拿得起却再也放不下的智能“机手”，它更像每个用户的“手”而不是“机”，甚至也有用户会认为，如果它真的能够很好地为我提供更加便利的服务，泄露数据和隐私又有什么不可以呢。就像今天，大量的数据和隐私被泄露了，我们所有的人不还是活得好好的吗？几乎绝大多数的智能手机用户并没有被数据泄露的问题所困扰，那么我们又何必为或许根本并不存在的一些问题而杞人忧天呢？至少在可以预见的将来，用户的数据一定不会是越来越少地被开放给通信运营商、网络运营商或者服务运营商了，它只会开放得越来越多，进一步的，也一定会被交易得越来越多。每一秒我们的手机 GPS 定位系统都在获取我们实时的地理位置，每一天我们登录的购物网站都在积累我们的交易记录，每个月我们的社交软件都会把一些新的标签贴到我们每一个人的用户画像上。甚至毫不夸张地说，智能手机可能是至今人类发明的最私密的监控设备。它持续跟踪我们的位置，它知道我们居住在什么地方，在何处工作，在何地消遣。它知道我们什么时候醒来，什么时候睡觉，它还能知道我们和谁一起睡觉。

与其关心我们的数据是不是被开放给运营商了，或者是不是被运营商又倒手贩卖给了其他商业机构了，倒不如去关心另外一个话题，那就是我们是不是被不公正地对待了。或许，我们之所以感到细思极恐或者恼羞成怒，并不是因为我们的信息被泄露了，而是因为我们的消费决策甚至我们的自由意志被操控了。说得更直白一点，我们不愿意相信这样的一个事实：我之所以购买了某件假货，不是因为舍不得花钱，而是因为卖家通过数据分析认为我没有辨别真货和假货的能力；我之所以买得比别人贵，不是因为我真的不在乎金钱，而是因为经销商通过数据分析得出我不是价格敏感性的用户；我之所以买了某件商品或者服务，不是因为我觉得我此刻真的需要，而是因为你通过数据预测认为我此刻真的需要……这种现象被称为“大数据杀熟”。你获取了我的数据，还反过来算计我、忽悠我、坑杀我，这或许是很多用户在得知电商网站存在价格歧视后愤怒的真正原因。

事实上，近两年经常会曝出“大数据杀熟”的现象。有部分互联网企业被曝存在“大数据杀熟”的行为，包括交通出行、差旅住房、视频会员、网络购物等网络平台均发现“大数据杀熟”，在购买同一件商品或选择同样的路程时，老用户的价格要比新用户贵许多。以某电商平台的P级会员为例，一款“爱仕达炒锅”原价为199元，会员专享价为179元，从表面上确实比普通用户要便宜了20元，但该商品目前在做活动，每位用户可以领取一张满“199减100”的立减券，普通用户在领取100元券后下单就会自动减掉100元，而会员则因为专享价变成了179，达不到199元的满额标准，只能使用会员价格购买。这就是算法“使的坏”。我亲身的体验是，原来不经常买图书的时候，动不动就可以抢到各种活动的优惠券；后来经常买，各种各样的优惠券就与我无缘了，能参与的活动也少了，打的折扣也少了。为什么？因为算法会“认为”你这是刚需，价格不敏感，优惠不优惠你都会买，那为什么还要给你发放优惠券或者促销呢？基于大数据的动态定价也是这个道理。有一句经典的话是这么说的，“如果附近没有肯德基，就给用户显示更高的比萨价格”，他直白地向我们揭示了动态定价或差别定价的基本原理：供求关系和价格弹性。而在动态定价方面优步是始作俑者，在打车需求旺盛的时间段价格就会自动上浮，在需求萎靡的时间段价格就会自动下调。后来各大电商网站都开始学优步，于是你就会发现最近一段时间放在购物车里的某件商品降价了或者涨价了，其实都是算法根据你近期的浏览和消费行为对你的需求进行的预测，最终目的都是通过降价或者涨价的目的完成销售获取最大化的利润。

所以，用户的愤怒是有原因的：你可以“捕捞”我、“围猎”我、“收割”我，但请不要让我知道，因为我知道了会很难过。换句话说，用户难过的不是因为他真的多花了几块钱，而是因为他真的感觉到自己是被收割的韭菜而无能为力。这就是大数据营销、程序化投放和个性化推荐这几枚硬币的反面，无论概念如何有差异，但其本质都是相通的：借助大数据的挖掘和分析，判断你是谁、现在在做什么、你希望看到什么或想要什么、你下一步将要去哪里或做什么、你愿意花多少时间或者金钱来满足你的需求……然后，借助于已经积累起来的数据资源，针对不同用户的个性化标签和精准化画像，以不同的内容、不同的产品、不同的服务、不同的形式和不同的价格来满足不同的用户需求，从而使自身收益最大化或利润最大化。

这时候,我们就能够明白为什么一个与交通有关的软件非得获取你的通讯录和照相机访问权限了,不仅如此,很多移动应用还要求获得你手机上安装的其他软件的访问权限。因为只有这样,它才能获取与你相关的更多维度的数据,才能对你进行更加完善的用户画像。

很多用户会问,怎么办?面对这个问题,我们需要更明确的问题界定和法律规范。

第三节　数据安全与立法

一、欧盟《一般数据管理条例》

GDPR 是英文“General Data Protection Regulation”的缩写,通常翻译为《通用数据保护条例》或《一般数据管理条例》。它由欧盟推出,目的在于遏制个人信息被滥用,保护个人隐私。其实,GDPR 早在 2016 年 4 月就已经推出,但欧盟给了各大企业两年的缓冲时间,正式生效日期为 2018 年 5 月 25 日。GDPR 在欧盟法律框架内属于“条例”,此前已经在欧洲议会(下议院)和欧盟理事会(上议院)通过,可以直接在各欧盟成员国施行,不需要各国议会通过。目前欧盟有 28 个成员国,大约有 5 亿多人可以直接得到 GDPR 的保护。值得一提的是,虽然英国已经启动脱欧程序,但也同样批准了 GDPR,并且同样从 5 月 25 日开始正式推行。根据 GDPR 的规定,企业在收集、存储、使用个人信息上要取得用户的同意,用户对自己的个人数据有绝对的掌控权。

广告业中用户数据隐私的保护,一直以来都是一项自律性的工作。但是,事实上,无论广告业,还是其他行业,数据保护的自律界限早被打破——个人信息和隐私数据正在被很多公司无节制地使用和售卖。对于这一切,数据的真正所有者,也就是产生数据的用户却并不知情。通常,出于信任,用户会在网上留下名字、电话、住址、行为等诸多个人信息,一般也不会主动删除网络上的 cookie,这就给了数据控制者很多可操作的空间。通过多个数据源的信息综合分析,最终,数据控制者就能够描绘出受众的整体资料,从而开展广告的 cookie 跟踪,让消费者被诸多广告骚扰。而且广告欺诈、可见性问题的背后,都与用户数据隐私有着千丝万缕的联系,如盗用用户的 IP 路径,伪造点击等。

现在美国、欧盟、中国、新加坡、澳大利亚等均已发布了"网络安全"的相关法规/条例,其中都在关心一个共同的问题:数据是如何被窃取?GDPR 的颁布实施,正是从法律层面,对于网络中个人信息被泄漏、偷盗行为的一种应对措施,力求通过数据隐私保护,杜绝这类事件再发生。

GDPR 在用户数据的权益方面明确了以下三点:

◇ 第一,用户数据是真正的财富——以前,不法之徒是抢银行,但是现在则是窃取用户数据,进而侵犯用户的合法权益。因而,保护用户数据刻不容缓。

◇ 第二,消费者是否要受到跟踪,这是应该由消费者来决定的。GDPR 施行后,消费者有选择权,他可以拒绝被跟踪,拒绝自己的行为数据被使用。如果消费者选择拒绝,那么,数据控制者就不能再使用其数据。

◇ 第三,数据控制者在获得用户数据之后,如何使用,消费者对此有知情权。数据控制者不能随意售卖和传输用户数据。在广告业,一般即使盗用用户的数据,也不会告知用户。这样的情况也被 GDPR 所制止。

虽然 GDPR 在正式实施前有两年调整期,但其严苛标准令众多互联网企业难以适从,在游说欧盟降低条例标准失败后,部分互联网企业的合规化进程缓慢,频频遭到欧盟指责和调查。实施以来,欧盟大展拳脚,针对互联网企业开展了一系列调查,甚至开出天价罚单以儆效尤。2018 年 11 月份,7 个欧洲国家消费者团体集体投诉谷歌公司,指控其违反《条例》,秘密追踪数百万用户的移动位置。2019 年 1 月 21 日,谷歌收到 GDPR 生效以来的第一张欧盟国家罚单,法国数据监管部门以"谷歌个性化广告方面缺乏透明度、充分的告知和有效的同意"为由对其罚款 5,000 万欧元。2019 年 2 月 7 日,德国反垄断监管机构认定脸书在收集、融合、利用用户数据上滥用了市场地位,勒令其停止收集一些用户数据,并停止融合旗下不同 App 的用户数据。至今为止,包括苹果(Apple)、谷歌、亚马逊、脸书、奈飞(Netflix)、声田(Spotify)、推特(Twitter)、油管等在内的诸多互联网企业均已遭到调查。首当其冲受到 GDPR 冲击的谷歌、脸书等企业忧心忡忡,试图重新建立信任感。2019 年 3 月 30 日,扎克伯格在《华盛顿邮报》《爱尔兰独立报》上发表公开信,一改之前反对政府干预的态度,呼吁加强监管,呼吁建立一个类似 GDPR 的统一数据保护规则作为框架，用以规范互联网平台企业的数据搜集行为。

二、中国《数据安全管理办法》

2019 年 5 月 8 日，天津市互联网信息办公室发布关于《天津市数据安全管理办法（暂行）》（征求意见稿）公开征求意见的公告，相关内容一度引发热议。时隔 20 天，5 月 28 日，国家互联网信息办公室（以下简称"网信办"）发布关于《数据安全管理办法（征求意见稿）》（以下简称《管理办法》）公开意见的通知，向社会公开征求意见。《管理办法》明确了个人信息和重要数据的收集、处理使用和安全监督管理的相关标准，提出网络运营者以经营为目的收集重要数据或个人敏感信息，应向所在地网信部门备案，网络运营者通过网站、应用程序等产品收集使用个人信息，应当分别制定并公开收集使用规则。

大数据时代，数据的挖掘、处理、运用给社会带来便利的同时，也造成了数据的不合理使用和对个人信息的威胁。在收集个人信息方面，《管理办法》称，网络运营者不得以改善服务质量、提升用户体验、定向推送信息、研发新产品等为由，以默认授权、功能捆绑等形式强迫、误导个人信息主体同意其收集个人信息。根据《管理办法》，网络运营者利用大数据、人工智能等技术自动合成新闻、博文、帖子、评论等信息，应以明显方式标明"合成"字样；不得以谋取利益或损害他人利益为目的自动合成信息。重点明确了网络运营者运用人工智能技术时的相关准则，这也是现阶段互联网最关注和最具有争议性的热点问题。总体而言，《管理办法》是为了保障个人信息安全，对网络运营者运用个人信息时进行施压，明确规定了网络运营者如何正确使用个人信息，以及需要注意的问题。国家对于网络安全问题的重视，进一步细化了数据安全管理办法和准则，助力网络环境健康发展。

具体来看，《管理办法》中涉及的用户个人数据安全和个性化推荐的具体条款主要有：

◇ 第九条　如果收集使用规则包含在隐私政策中，应相对集中，明显提示，以方便阅读。另仅当用户知悉收集使用规则并明确同意后，网络运营者方可收集个人信息。

◇ 第十一条 网络运营者不得以改善服务质量、提升用户体验、定向推送信息、研发新产品等为由，以默认授权、功能捆绑等形式强迫、误导个人信息主体同意其收集个人信息。个人信息主体同意收集保证网络产品核心业务功能运行的个人信息后，网络运营者应当向个人信息主体提供核心业务功能服务，不得因个人信息主体拒绝或者撤销同意收集上述信息以外的其他信息，而拒绝提供核心业务功能服务。

◇ 第十二条 收集 14 周岁以下未成年人个人信息的，应当征得其监护人同意。

◇ 第十三条 网络运营者不得依据个人信息主体是否授权收集个人信息及授权范围，对个人信息主体采取歧视行为，包括服务质量、价格差异等。

◇ 第二十条 网络运营者保存个人信息不应超出收集使用规则中的保存期限，用户注销账号后应当及时删除其个人信息，经过处理无法关联到特定个人且不能复原（以下称匿名化处理）的除外。

◇ 第二十三条 网络运营者利用用户数据和算法推送新闻信息、商业广告等（以下简称“定推”），应当以明显方式标明“定推”字样，为用户提供停止接收定向推送信息的功能；用户选择停止接收定向推送信息时，应当停止推送，并删除已经收集的设备识别码等用户数据和个人信息。网络运营者开展定向推送活动应遵守法律、行政法规，尊重社会公德、商业道德、公序良俗，诚实守信，严禁歧视、欺诈等行为。

三、其他方面的法规条文

2019 年 6 月 25 日，全国信息安全标准化技术委员会发布了关于征求 8 项国家标准意见的通知，其中包括《信息安全技术信息系统密码应用基本要求》《个人信息安全规范》《个人信息安全工程指南》。《个人信息安全规范》（以下简称《规范》）共分为 10 个章节。个人信息的收集、保存、使用都有单独一章进行详细说明，另外个人信息的委托处理、共享、转让、公开披露和个人信息安全事件处置各有一章详细内容。

不可强迫用户接受多项业务功能。《规范》明确要求,当产品或服务提供多项需收集个人信息的业务功能时,个人信息控制者不应违背个人信息主体的自主意愿,强迫个人信息主体接受产品或服务所提供的业务功能及相应的个人信息收集请求。要求把用户自主选择行为作为产品或服务的特定业务功能的开启条件,且应向个人信息主体告知收集、使用个人信息的目的、方式和范围,并获得个人信息主体的授权同意才可以收集个人信息。该要求与网信办发布的《管理办法》当中的条款近乎完全相同(如图8-1)。《规范》在后文中明确提出:个人信息主体选择关闭或退出特定业务功能后,个人信息控制者应停止该业务功能的个人信息收集活动,且不应暂停个人信息主体自主选择使用的其他业务功能,或降低其他业务功能的服务质量。

第九条如果收集使用规则包含在隐私政策中,应相对集中,明显提示,以方便阅读。另仅当用户知悉收集使用规则并明确同意后,网络运营者方可收集个人信息。

第十条网络运营者应当严格遵守收集使用规则,网站、应用程序收集或使用个人信息的功能设计应同隐私政策保持一致,同步调整。

第十一条网络运营者不得以改善服务质量、提升用户体验、定向推送信息、研发新产品等为由,以默认授权、功能捆绑等形式强迫、误导个人信息主体同意其收集个人信息。

个人信息主体同意收集保证网络产品核心业务功能运行的个人信息后,网络运营者应当向个人信息主体提供核心业务功能服务,不得因个人信息主体拒绝或者撤销同意收集上述信息以外的其他信息,而拒绝提供核心业务功能服务。

图 8-1 《管理办法》部分条款

对个人信息删除、撤回授权的情形做出了详细规定。个人信息删除是个人信息主体最为重要的权利,标志着个人信息主体可以有效地管理自己的个人信息。在《管理办法》当中也有条款规定:网络运营者收到有关个人信息删除以及用户注销账号请求时,应当在合理时间和代价范围内予以删除或注销账号。《规范》详细规定了个人信息控制者应当及时删除个人信息的几种情形(如图 8-2)。

我们可以简单理解为:1.个人信息控制者违反法律法规及约定;2.个人信息主体要求删除个人信息。当上述两个条件满足时,个人信息控制者应及时删除个人信息。另外《规范》要求,个人信息主体注销账户后,应及时删除其个人信息或做匿名化处理。

7.10 **个人信息删除**

对个人信息控制者的要求包括：

a) 符合以下情形，个人信息主体要求删除的，应及时删除个人信息：
   1) 个人信息控制者违反法律法规规定，收集、使用个人信息的；
   2) 个人信息控制者违反与个人信息主体的约定，收集、使用个人信息的。
b) 个人信息控制者违反法律法规规定或违反与个人信息主体的约定向第三方共享、转让个人信息，且个人信息主体要求删除的，个人信息控制者应立即停止共享、转让的行为，并通知第三方及时删除；
c) 个人信息控制者违反法律法规规定或违反与个人信息主体的约定，公开披露个人信息，且个人信息主体要求删除的，个人信息控制者应立即停止公开披露的行为，并发布通知要求相关接收方删除相应的信息。

图 8-2 《规范》部分条款(A)

《规范》在“个人信息的使用”一章中对推送再次做出了明确要求，除了《管理办法》当中要求的“用户可以选择关闭商业推送，并删除相关个人信息”之外，还要求商业推送不可使用直接用户画像，且明确要求不可针对个人特征提供个性化展示(如图8-3)。

c) 除为达到个人信息主体授权同意的使用目的所必需外，使用个人信息时应消除明确身份指向性，避免精确定位到特定个人。例如，为准确评价个人信用状况，可使用直接用户画像，而用于推送商业广告目的时，则宜使用间接用户画像。

7.5 **个性化展示及退出**

对个人信息控制者的要求包括：

a) 在向个人信息主体推送新闻信息服务的过程中使用个性化展示的，应：
   1) 显著区分个性化推送服务，如标明“个性化展示”或“定推”等字样；
   2) 为个人信息主体提供简单直观的退出或关闭个性化展示模式的选项。
b) 电子商务经营者根据消费者的兴趣爱好、消费习惯等特征向其提供商品或者服务搜索结果的个性化展示的，应当同时向该消费者提供不针对其个人特征的选项；

   注：基于用户所选择的特定位置进行展示、搜索结果排序，且不因用户身份不同展示不一样的内容和搜索结果排序，则属于不针对其个人特征的选项。

图 8-3 《规范》部分条款(B)

也就是说，各大 App 只能通过用户的选项提供个性化展示，网友们所害怕的“无所不知”的推送将会绝迹江湖。此外，最吸引人眼球的是，《规范》在附录当中给出了个人信息示例和个人敏感信息判定，第一次明确给出如何判定什么是个人信息，什么是个人敏感信息。

第九章

计算广告发展趋势

第一节　拥抱智能媒体时代

今天用户看到的大量内容(新闻、娱乐、图片、视频、广告等)都是由算法自动推荐的,而不是由某一位编辑或者某一位互联网的算法工程师推荐的。但由于推荐算法本身太过于复杂,以至于尽管大多数用户哪怕知道自己是被"计算"或者"算计"过的,他们也仍然不愿意花一点时间来了解一下推荐系统究竟怎样影响了他们切身的内容消费。精通于推荐系统的数据工程师或者算法工程师当然知道它的运行方式,但是向不求甚解的用户或者曾经专注于内容创作和编辑的传统媒体人解释清楚这件事,仍然需要花费大量的时间和口舌。

但是,算法已经渗透到我们传媒产业从内容生产到信息分发的几乎每一个环节,全国至少有三分之一以上的人群是通过算法的帮助来进行内容消费的。包括今日头条、抖音、一点资讯甚至微信公众号等在内的自媒体内容,其流量也有相当大的比例是来自推荐系统。当然,这个数据对于不同的自媒体平台而言是有差异的,对于今日头条而言可能会超过 90%,对于正在变革中的微信公众号大约会在 30%以下。尽管学术领域和精英人士对于内容推荐系统和算法的价值观问题还持有强烈的批判态度,同时其本身也的的确确存在这样那样有待继续完善的问题,但是对于任何一个传媒产业的从业者而言，无论是传统媒体人还是新媒体人，我们都要彻底摒弃不了解就心怀恐惧的心理状态，转而应该主动地去了解大数据、人工智能、机器算法、推荐系统等正在颠覆传媒产业的各种新技术、新思维、新方法和新逻辑。只有不断地提升自己的认知水平，才能够在如火如荼的推荐算法、智能媒体、计算传播学、计算广告学浪潮中作出相应的改变甚至革命，从而使自己的能力与时代的变化保持高度的同步。

一、智能媒体

事实上，在经历了互联网、移动互联网以及如火如荼展开着的物联网三次大潮洗礼之后，我们正在进入一个“智能＋”新时期，在这样的语境下，智能媒体、计算传播、计算广告等全新的概念迅速成为新闻传播领域备受关注的前沿话题。尽管智能媒体、计算传播学、计算广告学依然还处在萌芽初期，但业界和学界都饱含热情地勾勒出了可预见的未来社会的传播新图景：所有的媒体服务越来越人性化和个性化，它们会更贴心地与所有用户进行互动，会帮助人类更好地处理信息超载环境下的内容生产与消费，会因时制宜、因地制宜、因人制宜、因场景制宜地解决与信息相关的各类问题。

这种全新的算法驱动的智能建构时代已经开始对我们的生活、工作、社交产生了深刻的影响，它激发着媒体领域的从业者去探索一个全新智能媒体时代的计算传播学和计算广告学，这已经成了迫在眉睫的事情，而不是五十年或者一百年之后的事情。就好像早在20世纪末开始席卷全球的互联网那样，当年任谁都不会想到它会在短短的20年时光里就彻底颠覆了整个世界的底层代码；又好像当年苹果重新发明手机那样，当年任谁都不会想到它会在短短的十年时光里将全球数十亿人口连接到了移动互联网的巨型大网之中。

今天的智能媒体大时代，我们正在将地球上的每一个人、每一件物品、每一项进程、每一场活动连接到一个万物互联的网络之中，而在其中的每一个节点，凡是能够负载信息、传播信息、重构信息的，便都具备了媒体的属性，它们共同构成了智能媒体的基本生态。事实上，当我们在谈论智能媒体的时候，我们指的是所有节点共同构成的这个生态体系，而不是其中的某一件智能终端或者某一个智能节点，只有在万物互联的智能生态中，每一个媒体终端或者节点才可能是智能的，否则其智能就无从谈起。

事实上，随着整个智能生态与所有节点的协同进化，我们今天所看到的智能媒体雏形，将会在未来十年中以更快的速度、更加彻底地改造我们的传媒产业和社会经济。

从2000年开始，我国的媒体产业先后经历了三次主要的变革浪潮：第一次是报纸、杂志、广播、电视等传统媒体的数字化与互联网化，也就是在这个时候开始，新媒体的概念快速地深入到每一位媒体从业者的思想之中。门户网站、视频网站、社交网站等先后发展起来，而四大传统媒体也在这一波的浪潮中逐渐地完成了转型与升级。第二波浪潮是各大媒体的移动互联网化与数据化，随着智能手机和大数据两个领域均取得了实质性的突破，媒体从业者也开始意识到了互联网红利趋于饱和之后的下一个战场——移动互联网红利和大数据红利。于是无论所谓的传统媒体还是所谓的新媒体，都纷纷抢滩移动终端并补足自身的数据能力。而我们当前正在经历的则是第三次浪潮，那就是今天几乎所有的媒体都越来越重视基于大数据的计算能力的提升以及智能化水平的建构。

二、个性化信息服务

当然，无论是互联网化、移动化、智能化，还是数字化、数据化、算法化，都不是媒体进化路径的终点，智能媒体也只不过是媒体形态的下一站或者高级阶段，而绝非终极形态。政府一直强调数字中国的建设，推动实体经济和数字经济融合发展，加快传统产业的数字化、智能化。这样的要求和愿景放在媒体领域同样的适用，伴随着技术推动的媒体进化路线，我们一只脚已经迈进了智能媒体的时代大门。在我们向着高级阶段迈进的过程中，大数据、云计算、智能算法、深度学习等本轮信息技术革命中成熟起来的核心技术集群是它的基础设施，数据化新闻、程序化广告、个性化推荐、虚拟化现实、精准化营销等是它的应用表现。

随着车联网、物联网、产业联网等更多领域取得突破性的进展以及5G时代的加速降临，将会有越来越多被嵌入智能要素的软硬件具备媒体的属性，从而使得智能媒体形成一种泛在的状态，例如用户生活中的冰箱、洗衣机、餐桌、墙体、汽车等设备都因为安装了某种柔性的智能屏幕而变成了餐厅中的媒体、客厅中的媒体、卧室中的媒体、公路上的媒体、轮子上的媒体，而且这些媒体不但与作为基础设施的泛在智能网络相连接，还会彼此相连而建立起一个以某位具体用户为服务对象和网络中心的个性化网络，它们都存储了这位用户相关的大量数据，其目的也是为通过对这些数据的相互开放和深入挖掘为这位用户提供更加个性化的媒体服务和信息消费。当这位用户每一分钟切换一个不同的场景的时候，它们就会根据已经掌握的历史记录对用户的未来行为和信息需求进行预测，从而更好地满足他在下一个场景中的具体信息需求和内容偏好。

麦克卢汉曾经说“媒介即信息、媒介是人体的延伸”，经过半个多世纪的技术革命和产业演化，在今天的智能媒体大时代背景下，麦克卢汉的预言应该做出相应的调整了，我们可以说“媒介即服务、媒介是人体和灵魂的延伸”。凡是涉及媒介信息、内容产品的生产、分发、消费和互动的所有动作都演变成了一种对用户更加个性化需求的服务，凡是个性化、人性化和智能化的媒体服务，都同时在体验上满足了人体和灵魂的两方面需求。如果说印刷术建立了媒体社会的文字文明，广播电视建立了媒体社会的影像文明，互联网、移动互联网建立了媒体社会的数字文明，那么下一阶段的媒体文化乃至人类文明则必将建立在数据、算法和人工智能的基础之上，它将会是一种全新的社会文化形态，而这一切实际上才刚刚开始，一切都还有待于重新解读。

三、智能语境下的广告

在智能媒体时代我们要重新思考什么是广告。在大众传播时代的广告是一种轰炸效应，一则电视广告每天晚上在固定的时段面向全国的观众播出，轰炸得久了，品牌的知名度就建立起来了，用户想要购买某种商品的时候会首先想到某某“名牌”。但是广告主一直在讲一句话：“我知道我的广告费用有一半是浪费了的，但是我不知道是哪一半。”

互联网技术的快速发展给了广告主以更精细化管理其预算的可能性——可以针对不同的用户进行不同的广告投放。也就是从这个时候开始，广告的媒介购买方式逐步从购买版面或时段等资源向着购买不同的用户群体转变。我们不能低估这种转变，正是这种转变开启了程序化广告的新时代，它使得广告主在进行广告投放的时候目标更明确、预算更精细、效果更可测量。比如，场景化的广告投放能够根据用户所处的不同场景进行精准的信息匹配，用户所处的位置、状态、情绪，用户以往购买的产品、品牌、服务，用户对内容的兴趣、喜恶、偏好，用户对广告所采取的态度、动作等，都会直接地影响到每一次的程序化广告投放行为。当广告的投放越来越精准、越来越个性化、越来越符合用户需求的时候，其营销甚至促进购买的效果就会越来越明显。这个时候的广告与内容、场景和用户需求较为完美地匹配或融合在了一起，它更像是一种原生广告：广告即内容，内容即广告。①

与此同时，电商化使得用户从接触广告信息到完成交易行为的时间和空间极大地压缩了，数据化使得广告主和广告公司对目标用户的画像变得越来越清晰了，场景化使得我们能够以更加精准、更加个性化的方式与用户进行及时有效的互动了。再加上今天各大互联网公司如火如荼布局的新零售革命，它不但打通了线上线下的数据，而且高效地完成了最后一公里的物流。在这样的前提下，我们重新思考广告的时候，会发现，不能把它仅仅局限为一种简单的媒介资源购买行为或者产品营销手段，而是应该从整体战略层面把它看成产品运营或者企业运营的一个环节，它随着媒介的智能化进程和数据计算能力的提升而变得越来越重要。

第二节　计算广告的未来

一、消费需求可以被精准预测吗

随着用户在线的时间越来越长以及互联网企业采集用户数据的方式越来越多，用户所有网络行为所产生的数据规模也越来越大，这些数据使得媒介、广告主和广告公司所进行的用户画像也越来越清晰。这些清晰的用户画像被运用到具体的营销过程中之后，就产生了越来越精准的广告投放。企鹅智酷发布的研究报告公开显示，大量用户平均每隔 14 分钟就会看一次微信，换句话说就是用户每 14 分钟向微信贡献一个

---

① 刘庆振.媒介融合新业态：数字化内容与广告融合发展研究[J].新闻界，2016(10)：55-59，72.

数据点，这些数据点会在系统已经形成的用户画像基础之上对他不断进行更加细致的描述。如果再补充更多的用户 LBS 数据、电商消费数据、媒介浏览数据等，我们就会发现借助于大数据工具，将使营销人员对用户的了解越来越全面：用户每天在城市中的行走路径是什么样的，他使用了什么应用点击了哪些广告，他在什么样的电商平台上花费了多少钱购买了什么……这个时候用户画像就会清晰到令人难以想象的程度，所以我们也一再强调和呼吁各界提高对用户隐私的重视程度和保护程度，这是另外一个话题。

随着用户画像越来越清晰，我们就越来越接近程序化广告、计算广告或者智能营销的一个核心话题：预测用户的消费需求或行为动向。事实上，无论是电商公司还是媒体机构，无论是传统媒体还是网络媒体，大家一直孜孜以求的那个“水晶球”，就是怎么样实现对消费者行为的精准预测。以汽车营销为例，广告主之所以会对大数据、用户画像、计算广告这些概念感兴趣，并不是因为他们真的在意用户长什么样子，而是因为这些工具可以回答他们最关心的问题：谁会在未来三个月有可能产生买车的行为？预测消费需求这件事，就好像是营销领域的“圣杯”一样，尽管所有营销人员每天都在想着怎样破解这一难题，但是直到目前还没有哪个产品或者公司敢宣称他们已经真正做到了。基于现有的数据，营销人员基本上可以了解用户过去的消费行为，并通过曾经的消费标签建立一个模型，然后用这个模型去预估这位用户可能的兴趣爱好是什么。但是精准预测消费需求这件事的难度，已经远远超出了挖掘一堆历史数据和建立几个用户模型这些初级套路。事实上，未来营销领域要重点突破的一个重要方向就是无限提升对用户行为进行预测的精准度。

纽约的一家网络舆情管理公司提供了一种有意思的借鉴。在过去，国内外的舆情监测与管理活动通常都是往回追溯品牌危机事件的发酵、起源、爆发、应对等重要节点，然而很多处在危机漩涡中的品牌所采取的公共关系措施简直糟糕透顶。这家公司则打破了惯常的做法，将焦点放在了对未来一段时间内品牌可能产生的舆论危机进行预测，它会根据目前已经掌握的所有数据来预测这个品牌在未来可能出现的种种负面危机，甚至可以比较精确地告诉客户，某个危机事件在未来 24 小时、48 小时、72 小时会影响到哪些可能的媒体，它将如何蔓延乃至出现一种爆发式的传播等。这种思路就像是我们非常熟悉的天气预报，气象专家可以根据实时的卫星云图确定当前的台风中心在什么位置,并借助大量数据来预测它下一个小时的运动路径会是什么样的、哪些地方会受到非常大的影响……

按照这样的思路,我们可以把这种对于未来舆情的预测称为舆情预报,把对未来消费者将要产生的消费行为称为消费预报。类似的概念和应用在未来的广告营销活动中将会大有用武之地。仍以汽车营销为例,很多时候基于历史的数据是很难预测用户在未来一段时间是否真正有购车或者换车需求,因为这些数据告诉我们的是他过去利用什么交通工具出行或者最近经常浏览汽车网站,但用它精准预测用户的真实需求是有难度的。当然,也正是因为做到精准的预测很难,所以这个"水晶球"才会如此有魔力。在国内外程序化广告快速发展的背景下,有越来越多的企业和研究机构投身到这个领域,尝试建立一个更有价值的模型或者体系去攻克精准预测的难题,成为广告领域未来一段时间的重要话题之一。

事实上,要做到更加精准的预测,就必须要把不同企业、不同维度的数据打通。现在的基本情况是每家企业都是一个数据孤岛,当真正把多样性的数据打通之后,用户画像就会更加的清晰和完善。例如,为什么我们能精准地预测到某位用户会在未来三个月买一台新车呢?原因在于不同维度的数据向我们显示了这种必然性:政府公开数据显示这位用户获得的新能源汽车指标将要在三个月之后作废,即时通信工具的数据向我们显示他在一周之前曾经在朋友圈发表过想要购车的计划,社交网络的数据向我们显示他最近与亲密好友经常讨论什么类型的汽车更适合自己,汽车网站的数据向我们显示他频繁地登录几家不同的网站针对某三款车型进行询价和比较,再结合诸如电子商务交易记录等更多维度的其他数据,我们就能够得出一个类似天气预报中的卫星云图那样动态的消费预测模型。而要建构这种高度精准的预测模型,就需要依赖那些聚焦于打通多方数据的第三方数据服务机构或者数据联盟,毕竟任何一家公司的数据都很难真正实现有高度的说服力和可信度的数据闭环。随着我们对用户的画像越来越清晰,程序化广告所投放的目标受众也就越来越清晰,广告主所期待的广告营销的效果也就会越来越明显。

二、数据与算法提升精准度

“广告传播就是建立在各种计算的基础之上的，一切的计算都是围绕着目标人群展开的……计算是内置于广告中的一个核心的理念，广告就是在计算的基础之上展开其传播活动的。”①无疑，计算广告因为其数据化、精准化、定向化、场景化、动态化和智能化等特征，将广告活动的客观性、实效性和科学性提升到了一个全新的高度。也正因此，计算广告的概念一问世就引起了国内外广告产业界和学术界的广泛关注。比起程序化广告的概念，计算广告以其明确的理念主张和丰富的理论内涵对广告研究者有着更强的亲和力，而程序化广告则因其较强的技术性、应用性和限定性缺乏一定的理论高度和外延宽度，因此当广告业界和学界将关注焦点从程序化投放逐渐扩展到大数据和人工智能等技术在广告创意、策划、传播、反馈等各个环节的时候，计算广告的概念张力要远远比程序化广告强很多。

越来越多的广告公司和广告主可以通过更加先进的技术获得更强大的数据挖掘能力和计算能力，而这种巨大的变化发生的速度简直快到令人难以置信，在不到十年的时间里，大数据思维和应用已经在各个行业遍地开花。新的营销机构不断地去教育那些工业时代的广告公司和广告主如何使用计算广告相关的新技术和新方法。对于广告公司和广告主而言，所谓的“计算广告”更多地是指我们如何在总体用户和总体产品的海量数据中“计算”出具体用户需求和具体产品供给之间高度相关的匹配关系，这个过程是对数据的获取、加工和产出过程。事实上，传媒和广告领域的从业者已经开始大规模地利用数据挖掘技术为用户量身定制更有吸引力的广告信息和媒体内容，我们正在从使用特定传统媒体手段传播信息的模式向使用技术手段在最佳的时间和地点针对定向用户传播定制化信息的模式过渡。②

“数据成为互联网广告组织运作的核心要素，贯穿于互联网广告的全流程，数据的

---

① 颜景毅.计算广告学：基于大数据的广告传播框架建构[J].郑州大学学报（哲学社会科学版），2017(4)：150-154.

② COULDRY N, TUROW J. Advertising, big data, and the clearance of the public realm: marketers' new approaches to the content subsidy[J]. International journal of communication, 2014(8): 1710-1726.

来源、质量和算法决定了广告匹配的效率，也决定了计算广告的交易价格与价值，因此成为计算广告最大的驱动力。”[①]在大数据的海洋里，我们可以将沃纳梅克的经典名言改造为“我们的数据有一半以上都是垃圾，只不过我们不知道是哪一半”，但我们可以将过滤掉垃圾数据并发现有效数据的过程交给计算机程序来完成。这个困境的解决也就意味着我们能够通过数据主义和计算主义的方式解决“广告预算浪费一半”的难题，从而实现广告客观性和科学性的提升。

谈到科学，实际上它主要在两个基本方面改变了我们的认知：一个方面是外向的，即人类对于外部世界的认知；另一个方面是内向的，即人类对于我们自身的认知。建立在大数据基础之上的计算广告之所以将广告活动在科学角度提升了一个台阶，是因为无论对于营销活动所处的外部环境还是对于作为营销对象的用户内心，它都建立起了更加全面而清晰的认知。互联网、大数据、人工智能、机器学习等全新的信息科技使得我们对于广告活动的判断和决策越来越明智，广告营销的效果也变得越来越明显，可以说整个营销领域的外部环境和内部规则都正在被计算广告所改变和再造，但这种重构依靠的不再是传统广告人所擅长的策划、创意、文案等洞察能力，而是建立在数据科学家和算法工程师更加严谨的数据处理和算法匹配等全新能力基础之上的。我们正见证着一次划时代的、前所未有的广告营销革命，这是一场从大众营销向精准营销的变迁，后者在不断继承前者所积累的理论及实践精髓的基础之上，重新构建着属于信息社会的广告营销新科学范式：计算广告学范式。

三、作为新范式的计算广告学

对于广告科学而言，新范式区别于旧范式的最大特点在于它是以当前科技革命的核心技术集群及应用成果为基础的，其所有理论拓展和应用创新都离不开对互联网、移动互联网、大数据科学、人工智能科学等技术手段的运用。而这也恰恰正是旧范式先天存在的最大缺陷，它直接导致了旧范式无法为层出不穷的新营销问题提供可行的解决方案。2018 年 3 月份《经济学人》商业版块的一篇文章直截了当地宣称科技已经

① 马澈.关于计算广告的反思——互联网广告产业、学理和公众层面的问题[J].新闻与写作，2017(5)：20-26.

取代了世界广告巨头，而像WPP这样的传统4A公司的的确确在技术的冲击下面临着改变其商业模式中陈旧和低效等元素的巨大压力。具有数字化专业知识的咨询公司(如德勤和埃森哲)正在与各大广告公司展开竞争，因为他们知道如何通过数据、机器学习和应用程序更好、更便宜地与消费者建立联系；谷歌和脸书这样的互联网企业可以通过强大的网络力量让大大小小的公司通过它们的平台轻松地投放广告；亚马逊等电子商务网站以及互联网时代直接面向消费者的新兴企业影响力越来越大，这削弱了广告巨头的分销能力和议价能力……[①]

总之，技术力量正在突破大众传播时代形成的广告营销旧范式，并"已经成为广告业的核心生产力……健全和加强广告管理，必须研究新的技术变化，运用数字技术，改变管理理念和方法"[②]，也就是建立广告科学的新范式。对于旧范式及建立在其基础之上的广告公司、广告主、研究机构和从业者们而言，与其悲观地认为这是一场知识、理论乃至范式的危机，不如乐观地将新范式看作对自身知识结构和营销能力的一场提升与再造。比起过去，计算广告学的新范式虽然对营销人员提出了更综合性的能力要求，但它正在拓展广告学科和广告实践的视野，从而使其更加客观、科学、透明、有效和友好。

计算广告和计算广告学所承载的重要使命与其说是引导营销形态的实践探索，毋宁说是助推广告科学的范式转换。事实证明，过去十年计算广告理念和应用的普及已经为这种范式转换打下了坚实的基础，今天，无论是互联网从业者还是大众媒体从业者，无论是广告公司还是广告主，他们在从事广告营销活动的过程中无时无刻不在思考的一个共同目标就是"运用计算能力实现海量用户与海量广告之间的精准匹配，也就是在合适的时间、合适的地点以合适的频次、合适的方式将合适的广告投放给合适的用户"[③]，这种比较一致的共识意味着广告科学的新范式已经初具雏形。

而在此之前并不是太久远的时期，广告活动还是一种建立在过去经验积累和大胆

---

① ADRIFT M M. Technology has upended the business model of the world's advertising giants[J]. The economist, 2018(3):64.

② 陈刚.技术成为广告业的核心生产力[N].中国市场监管报，2019-01-03.

③ KELLY K. Computational advertising[EB/OL]. (2008-01-15)[2019-11-20]. https://kk.org/thetechnium/computational-advertising/.

猜测基础之上的魔法艺术(Black Art),忽然之间广告主就能够将信息高度精准地定向投放给那些对具体话题感兴趣的个体用户了。这样,广告将不再是一种妖术,而是一种方兴未艾的科学。[①] 随着互联网的进化和大数据技术的运用,越来越定向化、互动化和友好化的广告设计及投放方式将会对互联网经济乃至整个社会的发展方式产生巨大的影响。深深扎根于数学、数据和算法基础上的计算广告方法变得越来越必要且将作为一种基础性工具继续深化发展下去。[②] 事实上,随着近几年大数据、人工智能、机器学习等技术与广告活动各个板块、各个环节的深度结合,新范式下的新思维、新技术和新应用早已经远远超出了互联网广告的程序化投放这一特定领域,而扩展到了包括几乎所有主要媒体形式和所有主要广告环节中,因此我们看到建立在数据挖掘和计算能力基础上的精准化用户画像、程序化文案创意、智能化视频生成、互动化广告沟通等新工具大行其道。在这样的智能媒体和智能营销语境下,我们就可以清晰地对广告科学新范式中的两个核心概念进行界定,“计算广告是根据特定用户和特定情境,通过高效算法确定与之最匹配的广告并进行精准化创意、制作、投放、传播和互动的广告业态……计算广告学是广告学领域新近兴起的一个分支学科和交叉学科,它是研究计算广告业态的历史、理论、形式、流程、策略、管理、技术与趋势等内容的一门科学”[③]。

第三节 5G 之后,广告即服务

一、未来 5G 的三大运营场景

正如 4G 的普遍安装使得中国数亿农村人口一夜之间进入网络时代所产生的深

---

① The new science of computational advertising[EB/OL].(2012-06-12)[2019-11-20].https://www.technologyreview.com/s/428174/the-new-science-of-computational-advertising/.

② YUAN S, ABIDIN A Z, SLOAN M, et al. Internet advertising: an interplay among advertisers, Online Publishers, Ad Exchanges and Web Users[EB/OL].(2012-06-02)[2019-11-20].http://www.arXiv.org/.

③ 刘庆振,赵磊.计算广告学:智能媒体时代的广告研究新思维[M].北京:人民日报出版社,2017:73.

刻变革一样,5G 作为一种基础设施建设和重大技术变革,对社会生产能力和社会经济结构所产生的影响,将再一次超出人们的预期。众所周知,5G 未来的应用主要有三大场景:增强型移动宽带 eMBB(Enhance Mobile Broadband)、大规模(海量)机器类通信 mMTC(massive Machine Type of Communication)和超高可靠与超低时延的通信 uRLLC(Ultra Reliable & Low Latency Communication)。但是仅凭几个抽象的概念,我们很难直观地感受到其对于媒体产业、业务、应用乃至更具体的日常媒体消费所产生的深刻影响。下面我们举例来看:

eMBB:4G 视频直播上传的速度只有 6Mbps 左右的速度,无法提供高清视频。但 5G 技术使得原来的移动带宽速度大大提升到了理论上的 1Gbps 左右。这就意味着,以视频为核心的很多媒体体验将会发生本质上的改变。比如 4K、8K 技术,将使得呈现在用户面前的视频比真实更真实。不要以为这仅仅是速度上的增加,更重要的还在于它将会造成方向上的改变。

mMTC:也就是所谓的万物智联,越来越多的设备接入物联网,机器间传播将快速崛起。如前所述,4G 完成了人与人之间的网络连接和信息传播使命,从而真正成就了智能手机这一终端产品。5G 则会创造一个更广泛的人与人、人与物、物与物之间的海量连接与互动,那时候的终端将不再按人来定义,你能想到的任何实物,在理论上和技术上都将具备成为媒介终端的可能性。

uRLLC:车联网、无人驾驶、智能工厂、VR 游戏、高清视频等,所有基于 5G 技术的业务都对网络的稳定性提出了非常高的要求,低时延是高可靠的保障,4G 网络的时延约在 20—100 毫秒,但 uRLLC 的要求却是 1—10 毫秒,也就是说,无论你是在虚拟世界手动体验第二人生,还是在现实世界自动驾驶第一人生,它都不会"卡"了,因为这种"卡"轻则会让某款应用丧失用户,重则会让某位用户丧失生命。

尽管看上去这些 5G 应用场景与今天我们所处的 4G 时代好像没有本质上的区别,但明天的世界,在基础设施和底层逻辑上,却不再是今天的模样了。

二、广告行业的变化

广告行业也是紧跟着移动通信技术的步伐不断地迭代更新,从最开始的传统媒体报纸，到广播，到电视，到现如今21世纪看不见、摸不着却无处不在的互联网，形式是越来越多样，速度越来越快。如今，5G时代来临，广告传媒行业即将面临一次新的改革。

从终端的消费者的角度来讲，碎片化阅读会变得更频繁。短视频的浏览方式将为更多人所选择。5G网络高速度让人们可以在任何时间进行信息浏览。

网络在线停留时间将会更长。5G“万物互联”的新时代，互联网将渗透到我们生活的方方面面，成为我们工作、生活、学习的“大管家”，不管是你计划输入还是打算输出，互联网都将为你提供更方便、更快捷的通道，从而使得用户们的网络在线时间被进一步延长。

移动端用户的增加，传统媒体用户减少。5G时代具有“万物互联”“人人互联”的专属特质，彼时，智能手机便捷性的优势将得到充分的发挥。那么，广告主在移动平台上的广告投入应该也会随之加大，而第三方广告代理商们势必会加大对移动广告平台的研究。

5G技术对于广告业的数字化服务可以说是如虎添翼。在5G时代下，用户的信息与用户需求的对称性将大大地提高，从而解决广告效率低下的问题，不仅弥补了相关管理法律上的不足之处，同时还能大幅度降低品牌商的广告成本。

5G技术同时还将催化出超前的智能化广告技术，即AR＋AI的智能场景化体验的商用化。在此之前，我们的广告信息基本上都是静止、平面的形态，这一次，我们可以使产品广告变立体，365°全方位展示在消费者面前。比如，你以后午间跟同事出去吃饭，从进电梯那一刻起就可以开始点击查看要去附近的哪一家店，立体的环境在你眼前展开，然后点开店里的菜单，每一道立体的菜又显示在你眼前，你开始观看这道菜是怎么样的、那道菜是怎样的，出了电梯之后，你根据自己的喜好下好了单，走到店里就可以用餐了。而对于品牌商们、广告人们来说，如何运用好新技术使产品或服务“活起来”，则是新的一轮挑战。

另一大功能则是新技术带来的互动效果。从2013年的4G时代开始，手机、电脑、平板等工具就已经变成老百姓们工作生活消遣的重要工具之一，其实前文所提到的大数据、云计算、人工智能、AR虚拟技术、超快的网络速度等，都是提高品牌商与用户的互动效果的重要因素。日后还请大家不要因为一位人工客服知道你的尺寸、清楚你的喜好、看懂你的心思而感到惊讶，因为这是品牌商和广告人们所追求的——最准确的你在你最需要的时候在一个最合适的时间收到我们为你发出的最具个性化的信息。

三、再看5G之后的计算广告

无论是人工智能还是5G通信，技术变革引发的新范式的基本逻辑已经确立，算法、大数据和人工智能等核心技术的密切结合在二十一世纪的第三个十年给广告、媒体乃至整个社会带来的影响将会远远超过计算机和互联网在过去三十多年对它们造成的改变，尽管这种改变已经非常巨大，但未来的广告营销和信息传播图景将会以更快的速度、更宽的广度和更大的强度刷新所有人的认识论和方法论。

甚至，在万物皆媒的智能时代，广告营销与其他信息服务之间的边界都将彻底消失，一切以解决用户信息需求为目的的活动都将变得更加服务化，我们也将重新界定广告：从广告即销售、广告即传播向广告即服务、营销即服务（Advertising/Marketing-as-a-Service）转变。这种图景并不是虚无缥缈的海市蜃楼，而是已经缓缓展开的百年画卷，它将彻底改变我们的营销方式、互动方式、社交方式和生活方式，并为整个二十一世纪媒体经济和社会形态所经历的根本性变革定下基调。届时，尽管广告的概念会发生变化，但是新范式的理论逻辑、技术基础和基本目标都会在较长的时期内处于相对稳定的状态，那就是：运用最优秀的算法对海量的产品供给和广泛的用户需求进行个性化、动态化、智能化和精准化的完美匹配。谁能更好地提供这一服务、完成这一目标，谁就会是广告科学新范式游戏规则下的新赢家。那时候，今天正流行的用一套算法向所有用户进行精准化信息投放和个性化内容推荐的方式将彻底成为历史。既然用户的信息需求是个性化的，那么为他们提供解决方案的算法服务也应该是个性化的，而更多的数据、更智能的程序和学习能力更强的工具，将使之成为现实。

无论是我们已经看到的互联网世界，还是正在成型过程中的物联网基础设施，抑或是那些被广泛连接的智能媒体设备，它们都处于一场无尽的技术升级竞赛中，而且快速迭代的周期正在不断加速，智能媒体的整个生态系统亦是如此。尽管我们对最新的iPhone智能手机已经非常满意，但是真正主导20年之后我们生活的智能媒体技术集群和产业生态都尚未发明或起步。智能媒体传播范式是媒介融合的高级阶段,但是我们现在所处的时代仅仅只是智能媒体传播范式的萌芽阶段,当前的智能媒体生态会在永不停歇的进化中被更新的智能生态所取代,而加速这种进化的除了技术本身的进化之外,最关键的就是处于智能网络中的智能媒体自身的学习能力。事实上,真正的智能媒体一定不会是某种完全独立的硬件设备(如未经联网的手机、平板或机器人),它泛在于整个由百万亿智能媒体节点组成的超级物联网之中,它是灵活的、嵌入式的、分布式的、没有固定形态而又无处不在的,任何与这一超级智能媒体的连接都是对其智能的分享与贡献,而脱离了这一网络的独立的智能媒体设备或节点则无法获得快速而聪明地协同学习和能力升级。

智能媒体的生态系统会随着人们日益增多的使用而不断自我进化到更加智能的状态,它会将这次在媒介产品运营中学习到的经验运用到下一次的操作中,并随着数据的激增和算法的改进而持续进步。如今,脸书的智能算法已经能够识别你所上传照片中的好友,亚马逊的个性化内容推荐系统也能够向上亿的访客精准化地推荐其感兴趣的书籍或者商品,“谷歌正利用搜索改善它的人工智能,而不是用人工智能强化它的搜索能力,每当你键入一个查询词,点击一个搜索引擎生成的链接或是在网上创建一个链接,你都是在训练谷歌的人工智能”①。越多的人和物被接入并使用智能媒体生态系统,它就会变得越智能,这将会激励着更多的智能设备成为其中的网络节点,从而形成智能媒体生态进化的正向反馈和良性循环。到那时候,如果在技术驱动、数据驱动、智能驱动之下的广告越来越能够“计算”或者“算计”出我们此时此刻喜欢什么、讨厌什么,会购买什么、不会购买什么,那么从理论上和技术上来说,它的精准程度就可以接近于百分之百了。到那时,广告已不再是广告,广告依然是广告。

---

① 凯利.必然[M].周峰,等译.北京:电子工业出版社,2016:37.

图书在版编目(CIP)数据

计算广告概论/钟书平,刘庆振编著.--北京:中国传媒大学出版社, 2020.12
ISBN 978-7-5657-2850-1

Ⅰ.①计… Ⅱ.①钟… ②刘… Ⅲ.①计算-广告学 Ⅳ.①F713.80

中国版本图书馆 CIP 数据核字(2020)第 230489 号

广告学专业"十四五"规划·应用型本科系列教材
计算广告概论
JISUAN GUANGGAO GAILUN

编　　著　钟书平　刘庆振
策划编辑　曾婧娴
责任编辑　曾婧娴
特约编辑　沈刘红
责任印制　李志鹏

出版发行　中国传媒大学出版社
社　　址　北京市朝阳区定福庄东街 1 号　　邮　　编　100024
电　　话　86-10-65450528　65450532　　传　　真　65779405
网　　址　http://cucp.cuc.edu.cn
经　　销　全国新华书店

印　　刷　三河市东方印刷有限公司
开　　本　787mm×1092mm　1/16
印　　张　9.75
字　　数　162 千字
版　　次　2020 年 12 月第 1 版
印　　次　2020 年 12 月第 1 次印刷

书　　号　ISBN 978-7-5657-2850-1/F·2850　　定　　价　39.00 元

本社法律顾问:北京李伟斌律师事务所　郭建平